掰掰

「肉鬆族」

最簡單的燃脂瘦身法

國家圖書館出版品預行編目資料

掰掰「肉鬆族」：最簡單的燃脂瘦身法 / 王凱芬
編著. -- 初版. -- 新北市：雅典文化,
民104.11 面； 公分. -- (健康生活系列；21)
ISBN 978-986-5753-49-8(平裝)

1. 減重

411.94   104018709

健康生活系列 **2 1**

本書經由北京華夏墨香文化傳媒有限公司正式授權，同意由雅典文化事業有限公司在港、澳、臺地區出版中文繁體字版本。非經書面同意，不得以任何形式任意重製、轉載。

掰掰「肉鬆族」：最簡單的燃脂瘦身法

作者／王凱芬
責編／林秀如
美術編輯／姚恩涵

法律顧問：方圓法律事務所／涂成樞律師

總經銷：永續圖書有限公司
永續圖書線上購物網
www.foreverbooks.com.tw

CVS代理／美璟文化有限公司
TEL：（02）2723-9968
FAX：（02）2723-9668

出版日／2015年11月

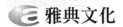 雅典文化

出版社

22103　新北市汐止區大同路三段194號9樓之1
TEL　（02）8647-3663
FAX　（02）8647-3660

CONTENTS

掰掰「肉鬆族」
最簡單的燃脂瘦身法

Chapter3
娛樂減肥法：前衛時尚的瘦身大法 092

Chapter**4**

從頭到腳的快速燃脂，想瘦哪裡就瘦哪裡
.... 180

1

拉伸瘦身，減肥達人的瘦身魔法

塑身動態瘦身拉伸

　　秋冬是長肥肉的最佳時機，如果這時候不注意飲食和運動的結合，身上的肥肉會在不知不覺中讓你的衣服都穿不下，同時，肥胖的身體還增加了患病的機率。因此，如何在秋冬季節保持健康的身材，確實需要注意。對於需要減肥的人士，拉伸就是一種很好的方法。

　　動力拉伸也被稱為主動式拉伸，它是指透過一些

動作拉伸肌肉。它把一些快動作變成了特別的拉伸動作。輕微動力拉伸運動是你做運動前進行熱身的重要部分。熱身活動過程中的動力拉伸應該與要做的健身或運動相符合。接下來就是動態拉伸的一些例子：

一、單腿跪地，動態拉伸

將右腳向前跨出，左膝跪在瑜伽墊上或者地板上，右膝成90度（右膝膝蓋不要超過前腳趾）。保持注意力集中，深吸氣，將肚臍吸向脊椎，上提胸廓，臀部微微向前，在呼氣的時候將左腳尖點地。保持這個姿勢，數到3，然後放鬆。重複整個過程5次，然後相反方向做同樣的動作。

二、金雞獨立，拉伸股四頭肌

用彈力帶將左腳拉住，右手前伸，單腿獨立。（注意：左手掌心向外。這將保證你的肩部成開放姿勢）保持膝部對齊，調動腹肌，將肚臍吸向脊椎，將尾椎微微向下壓。在呼氣的時候，將左臀向正對方推出。保持這個姿勢，呼吸3次。然後，相反方向做同樣的動作。

三、仰躺於地，拉伸腿筋

用彈力帶拉住右腳並盡可能伸展腿部。保持這個姿勢，呼吸3次。將注意力集中在兩腿的股四頭肌上，將足跟指向天花板。重複整個過程5次，然後，相反方向做同樣動作。

四、腳掌相對，腰板挺直

取坐位，兩隻腳掌相對，將腳掌儘量靠近會陰部位。背靠牆壁，腰背挺直。深呼吸，想像你的尾椎一節一節地往上挺直。保持這個姿勢，深呼吸10次。

伸展拉伸瘦身法

伸展拉伸法，主要是發展骨骼肌的柔韌性，鍛鍊身體的靈活度。柔韌性不好的人肌肉出現緊張、僵硬，容易扭傷、拉傷，出現慢性痠、痛、麻、脹與疲勞等不適感。

平時我們在正式運動前的暖身運動就包含很多拉筋動作，目的是使關節靈活，肌肉溫度上升，這樣才能夠在正式運動時伸展自如。

1. 拉伸瘦身，減肥達人的瘦身魔法

本系列運動法專為那些柔韌性不好的朋友設置，動作簡單，易於學習，只要量力而為、持之以恆地練習，就能產生安全又滿意的拉筋效果。

一、雙手探地拉伸：

首先身體站直，雙腿併攏。然後兩臂上舉，指尖向上。同時身體盡可能地朝地面彎腰，若雙手能觸及地面則效果最佳。

保持這個姿勢的過程中，注意雙腿伸直併攏，10～20秒之後，回到開始時的站立姿勢，調整呼吸到正常狀態。

若想達到增強腰部和腿部的柔韌性效果，這個動作是最佳的練習選擇。

二、旋腰拉伸：

保持站立姿勢，雙腿併攏。然後兩臂前舉，指尖向上（掌心向前），同時向身體的左側旋轉腰身，保持2～3秒之後，可以還原為站立姿勢。

接下來以同樣的動作要領，向身體的右側旋轉腰身，注意保持呼吸順暢，動作不宜太快。

左右兩邊相互交替旋轉腰身5～7次以後，可以很

好地鍛鍊腰部的肌肉。

三、滾背拉伸：

首先以長坐的方式，即雙腿伸直併攏，上身坐正，與地面垂直，坐在舒適平坦的床上或地上。

然後將雙手插於腰間，並使身體的上半部分向後傾倒，同時身體下半部分的雙腿儘量向上後方提起，直到腳尖與地面非常接近甚至能夠觸及地面。

像這樣保持10～20秒之後，還原為坐立姿勢，保持正常的呼吸，然後稍微休息幾分鐘。

這個動作可以使腿後的肌肉和腰背部的肌肉得到很好的伸展。

四、背向拉直功：

第一步，跪坐在平整的地方，地上或者床上皆可。注意身體坐直的同時，雙腳腳背平放地面，以便臀部坐在腳跟上保持穩定。

第二步，舉起雙臂儘量向後伸展，直到能觸及地面，這時候才可以保證用雙手支撐住身體。

第三步，調整呼吸到正常狀態，抬頭挺胸，然後慢慢將臀部向上提起。

持續該動作10～20秒之後，還原為跪坐姿勢。然後以同樣的動作要領重複練習2～3次，這個動作最突出的特點就是：可以達到增強腿部、腹部和背脊的柔韌性的效果。

五、合手側屬功：

自然站立，雙腿分開與肩同寬。深吸一口氣，兩臂經側上舉合掌，五指併攏，兩手大拇指相扣，並將雙臂舉至頭頂上方；深呼一口氣，上體左側屈，持續10～20秒之後，還原到開立的姿勢；以同樣的動作要領，上體右側屈，然後回到站立姿勢。

注意調整呼吸到正常狀態，以便進行接下來3～5次左右兩側的交替彎曲，這個動作具有雙重作用：既能充分拉伸雙臂的肌肉，又能很好地增強腹部肌肉的柔韌性。

六、蜷腿鬆髖拉伸：

端坐於平整的地上或床上，使兩個腳掌相對，並用雙手分別握住兩腳掌。然後，開始慢慢向會陰的方向拉伸，同時伴隨的動作是兩邊膝蓋的上下抖動，向下抖動時注意儘量接近地面，以達到增強髖關節柔韌

性的最佳效果，持續這樣的動作1～2分鐘，還可以有效減壓。

七、弓腿拉伸：

自然站立，雙腿併攏，兩臂貼於體側，身體呈一直線；左腿前出呈弓步，右腿伸直，儘量不要彎曲；上身向前傾，雙手著地，支撐身體。

保持這個姿勢10～20秒的過程中，一定要注意右邊小腿最大限度地伸直，否則無法體會充分拉伸右腿後部肌肉的感覺；調整呼吸到正常狀態，稍微休息之後，以同樣的動作要領充分拉伸左腿後部的肌肉，左右腿交替練習2～3次後效果更佳。

伸展拉伸完畢後，利用幾分鐘來閉目養神，具體做法如下：

(1)兩臂左右分開，掌心向上，深吸氣，同時兩臂上舉至頭頂。

(2)掌心向下，兩臂呈環抱狀下壓，同時呼氣，待兩臂伸直後，雙掌自然交叉重疊，置於下腹部正中，也可以雙臂自然下垂放在身體兩側。

(3)保持起勢的姿勢，閉目靜立，做輕緩的腹式呼吸，注意力儘量集中在手掌與腹部的一起一伏之中，

想著「丹田」，而不去想其他事情。

閉目養神，可以使整個身體處於一種異常鬆弛和舒適的狀態，氣血歸於平順，陰陽歸於調和，神清而氣定，慢慢進入一種練功後的忘我狀態，獨自在冥冥之中陶醉。2～3分鐘後，或者自然睜開眼睛後，經絡保健操即告結束，你的精神也就養足了。

這最後兩式配合起來單練，每天1～3次，每次5～10分鐘，對許多存在心理問題或神經－精神功能紊亂病症的人，均會產生很好的調節作用。

掰掰
「肉鬆族」
最簡單的燃脂瘦身法

肌肉群瘦身拉伸

　　人的衰老首先表現在皮膚的鬆弛、暗淡、起皺上，那麼是什麼在決定著皮膚的狀況呢？當然還是皮膚下的肌肉。

　　皮膚的緊緻主要靠肌肉來維持，而肌肉通常在20歲以後就停止了生長，以後逐步出現老化現象，進而導致皮膚鬆弛，看起來有贅肉感。

　　在日常生活中，要多注意呵護肌肉群。拉伸方法就是個不錯的選擇：

一、三角肌拉伸：

　　站立，目視前方，上身保持直立，收腹；打開雙腳與肩同寬，腳尖向外，膝蓋微曲，右手向前伸直，拇指向下，左手握住右肘。將右上臂微微用力拉向左肩。

二、肩內旋肌群拉伸：

　　雙眼向前方看，上身保持直立，收腹；雙腳分開與肩同寬，腳尖略微向外，膝略微彎曲；將彈力帶重疊，留約前臂長，右手在上，左手在下，置於於體後，雙手分別握住彈力帶兩頭。右手將彈力帶向上拉。

三、肩外旋肌群拉伸：

　　雙眼向前方看，直立上身，收腹。雙腳分開站立與肩同寬，將膝蓋略微彎曲，腳尖向外。

　　將彈力帶折疊之後，留出大約與前臂相當的長度，左手在上，右手在下，兩隻手分別握住兩頭放在身體後面，右手向下拉彈力帶。

四、肱二頭肌及前三角肌拉伸：

　　兩眼向前方看，直立上半身，收腹。雙腳分開站立與肩同寬，將膝蓋略微彎曲，腳尖向外。兩隻手放在身後，背部中間，掌心向後。

　　將彈力帶折疊後，留出大約與前臂相當的長度，兩隻手握緊彈力帶，向斜後方後盡力拉伸。

五、前臂屈曲肌拉伸：

坐在墊子上，上半身保持挺立，收腹。肘部彎曲，雙肩向外伸展。雙手交叉於胸前，掌心朝外。再將肘部伸展，將兩掌朝外推。

六、背闊肌拉伸：

坐在墊子上，上半身保持挺立，收腹。伸直兩手臂向上舉，兩手之間的距離比肩寬稍窄。兩手抓住彈力帶，掌心向前。

身體彎向右側彎並向右轉。後背左側感覺有拉伸時，用力用右手向下拉彈力帶。

七、臀部肌群拉伸：

盤腿坐好，挺直腰背，身體略微前傾，右腿向前並微微彎曲膝蓋。將左腿移到身體側後方。上身向前靠近前側大腿，儘量讓大腿靠近胸前。

八、股四頭肌及髂腰肌拉伸：

起始時是弓步，直立上身並收腹。右腿在前，彎曲膝蓋呈90度。左腿微微向後，跪在墊上。

　　折疊彈力帶後將其套在左腳上，用兩隻手緊緊握住握緊彈力帶。然後用力向上拉，將小腿儘量向大腿拉近。

九、膕繩肌拉伸：

　　平躺在墊上，右腿膝蓋彎曲，右腳踩在墊子上。左腿伸直。折疊彈力帶後用兩隻手握緊，放在左小腿上。然後用力向下拉，讓大腿儘量向胸前靠近。

十、背部肌群拉伸：

　　直立上身，坐在墊子上，收腹，伸直左腿，將右膝彎曲。右腳放在左膝內側。左肘頂在右膝外側，伸直右肘，手放在身體右後方，保持身體平穩。上半身向右轉，左肘用力向左頂。

　　中醫有「脾主身之肌肉」的說法，因此肌肉的保健離不開對脾的保養。脾為五臟之一，對身體的健康起著相當重要的作用，要養好脾其實也很簡單，只要做到三點：吃好睡好、多運動、少生氣，就沒問題。

　　怎麼算吃好睡好呢？其實就是該吃飯的時候吃飯，不要饑一頓飽一頓，也不要暴飲暴食，該吃什麼吃什

麼，早晨吃好，中午吃飽，晚上吃少，多喝粥，多吃蔬菜和水果，少吃鹽，清淡飲食，等等。該睡覺的時候就要睡覺，不要熬夜，晚上10點之前最好上床睡覺，每天保證8小時的睡眠。

多運動，並不是讓你天天大量運動，只要散散步、打打太極就可以。不必太刻意，收拾屋子也算運動，只要不老是躺著、坐著就行。

生氣對一個人的傷害很大，很多疾病都是因為生氣造成的。為了保護自己的身體，千萬不要動不動就生氣，凡事心平氣和，大事化小，小事化無，對健康也是有益的。

美化體型拉伸

　　完美的身材會讓人們看後會羨慕不已，特別是看到電視臺上的男男女女們身穿漂亮的衣褲再加上自己絕好的身材，那才是瀟灑呀。

　　想要修練魔鬼身材，拉伸是個很不錯的方法，現在我們就來看看拉伸的方法。

　　(1)保持站立姿勢，雙腿併攏伸直。雙臂用力抬起，同時腳後跟順勢向上提起，注意收緊腹部，保持

姿勢數秒之後，全身放鬆，放下兩臂的同時腳後跟著地，還原到自然站姿。

(2)保持站立姿勢，左右腳前後交叉，雙手叉於腰際。雙腳向上踮起之後，輕輕向上一跳，兩腿在空中盡力交換左右腳位置，注意向上跳的過程中，雙肩用力向後拉伸，雙膝放鬆。重複練習20次。

(3)端坐於椅子上，雙臂側舉至與肩同高，然後用力向後拉伸雙臂，同時在空中畫弧。

(4)繼續端坐於椅子上，雙臂伸直，壓在前面的桌子上。此時，將兩邊膝蓋用力向上提起，腳尖指向地面，收緊腹部，重複練習。

(5)保持站立姿勢，雙腿繃直，先將左腿抬在椅子上，上半身向前彎曲，直到雙手抱住腿部，儘量使頭部與膝蓋緊貼，胸部則與大腿部緊貼，然後還原，交替右腿重複練習。

(6)自然站立，雙手向前扶住椅背。先將左腿向左側踢出，再踢右腿，重複練習。

(7)先保持自然站立，雙臂自然垂於兩側。然後身體向下深蹲，同時雙臂上舉至頭頂上方，注意腳後跟保持不變，利用雙臂的力量，向上拉伸身體，然後雙臂向後充分伸展，重複練習。

對於想要減肥的人群來說，為了能夠保持好身材，好要做到以下幾個方面：

要長期控制食量

一般來說你的食量應掌握在七八分飽，不能到十分飽，更不能有撐的感覺，傳統中醫養生也講究「食不過飽」。

持續控制食量是件比較困難的事情，最忌在持續一兩天或一段時間後，大吃一頓，這樣不僅不能達到控制體重的目的，還會損害身體的健康。

人的胃是有伸縮功能的，如果能把控制食量長期持續下來，胃的伸縮控制在一定範圍內，人就不會有太強的饑餓感，控制體重就能成為身體能夠適應的良性循環。

要避免高脂肪和過油的食品

日常飲食提供給身體的脂肪量一般是足夠的，不需要再額外補充脂肪。過多地攝取脂肪會造成身體脂肪堆積，嚴重影響身體健康和形體美。

過油的食品不僅會使人長胖，還會加速皮膚的衰老。女人要美麗，就要避免吃這些食品。

　　另外，最好不要吃甜食。其實在我們的日常飲食中，糖分的攝取已經很充足了。

　　在節日的時候稍微吃些就可以了，平時最好不要吃過多的甜食。

　　甜食對增加體重有大大的作用，想要控制體重，最好離甜食遠點。

修練儀態拉伸

　　當一個人見到另外一個人的時候，3秒鐘內就會對這個人分析和判斷並形成結果。綜上所述，個人儀表是禮儀的基礎，代表著個人的形象，所以修練儀表儀態是很重要的。修練儀表儀態可以用以下方法：

(1)保持站立姿勢，雙腿併攏伸直。雙臂向上抬起，同時腳後跟順勢向上提起，注意收緊腹部，保持姿勢幾秒之後，放鬆身體，慢慢收回雙臂同時腳跟著地，重複練習15次。

(2)保持站立姿勢，雙腿併攏伸直。收緊臀部，向前挺出骨盆，雙手自然放在臀部。然後，慢慢使腳後跟向上提起，同時放鬆膝部，停頓片刻之後回到自然站姿，重複連續15次。

(3)做出起跑前的準備姿勢，上半身向前彎曲，雙臂向前伸展觸及地面，低頭，背部向上拱。深吸一口氣的同時收緊腹部，然後深呼一口氣的同時抬

頭，並使腰部和背部下陷，重複練習20次。

(4)跪在平整的地面上，雙臂向前伸展觸及地面，臀部慢慢向腳後跟處下壓，然後調整身體的重心，慢慢向前移動直到肘部漸屈，轉化為俯臥姿勢。幾秒之後，收回身體回到自然跪姿，重複練習10次。

(5)面部朝上，自然平躺在床上。雙腿繃直保持併攏，雙臂放於身體兩側。然後，雙腿和雙臂同時用力向上抬起，收緊全身肌肉之後，保持姿勢幾秒，再回到自然仰臥，重複練習15次。

(6)面部朝下，雙手撐地，屈肘的同時撐起肩膀，雙腿保持繃直。先抬起左腿，同時頭部向上抬起，收緊背部肌肉後，交替上抬右腿，重複練習20次。

利用毛巾瘦身拉伸

　　大多數人每天至少都會用一次毛巾。一條毛巾、一條有彈性的繩子都可以成為輔助我們拉伸手臂、肩膀和胸部的工具，是很好的減肥工具。

　　以下是使用毛巾進行的系列拉伸動作：

　(1)保持自然站姿，雙手分別在脖子後面拉住毛巾的兩端，然後開始腰部的轉體運動，左右交替練習。

(2)保持自然站姿，雙手分別在身前拉住毛巾的兩端，然後，用力將毛巾向上抬起，接著再儘量把毛巾放到脖子背後。最後再把毛巾向身前還原，重複練習。

(3)保持自然站姿，雙手拉住毛巾兩端，首先用力向上抬起兩臂，然後腰部分別向左右兩側下壓。

(4)站立，雙手在脖頸處拉住毛巾兩端，頭部向前伸展。在雙手把毛巾用力往前拉的同時，脖頸要更加用力向後仰，保持姿勢幾秒鐘。

(5)先把毛巾套在脖頸處，毛巾的兩端朝向身體左側，然後左手用力拉住毛巾的兩端，向左側充分拉伸，同時，頸部則向右側盡力下壓。以同樣的動作要領，左右兩側交替練習。

(6)保持自然站姿，雙腿開立，雙手在體前拉住毛巾兩端。首先，右腿向前伸展，屈膝呈弓步，左腿則伸直。然後雙臂用力上抬，注意挺胸拉伸腰部。回到站姿後，以同樣的動作要領換左腿向前交替，重複練習。

(7)保持自然站姿，雙腿開立，雙手拉住毛巾兩端後向上抬起。然後，上半身向前彎曲，並向下蹲，再伸直身體回到自然站姿，重複練習。

(8)保持自然站姿，雙腿開立，雙手在身後拉住毛巾
兩端。首先，雙臂用力上舉，保持幾秒之後，伸
直手臂向後拉伸，再保持幾秒之後還原到自然站
姿，重複練習。

(9)保持自然站姿，雙腿開立，左手拉住毛巾一端放
於左肩，右手拉住另一端放於身後右下側。左手
向左上方用力拉伸毛巾，右手則從右下方盡力抵
抗，重複練習幾次之後，交替方向繼續練習。

以上動作可以緩慢地、一氣呵成地進行；也可以
在任何時候停下來，保持拉伸的姿勢，以加大對某個
特定部位的拉伸強度。然後下移右臂，在身體另一側
進行同樣的拉伸動作。

當身體變得更加柔韌的時候，你就可以縮短雙手
握住毛巾的距離，但是仍然要注意不要過度拉伸。

利用仰臥起坐板瘦身拉伸

腰圍是身體健康的晴雨錶，人們很關注體重，其實更應該關注腰圍。一個人的腰圍如果過大，不僅不美觀，還暗藏健康隱患，他們患心臟病、中風、糖尿病、高血壓和膽囊疾病的風險都較高。利用仰臥起坐板可以進行減脂運動，仰臥起坐板可以增強腰腹肌力量與彈性，對消除腹部多餘脂肪與贅肉效果明顯，是瘦身塑形健美形體的必備器材。練習方法如下：

一、抱頭仰臥起坐

在仰臥起坐板上仰臥，雙腳鉤住圓管以便將下肢固定，將雙手交叉抱於腦後，用力收縮腹肌，使上半身抬起來，並向前彎曲，用手肘觸碰膝蓋。將此動作反覆練習。

二、抱頭側起

在仰臥起坐板上側身躺下，雙腳固定在圓管下面，雙手交叉抱於腦後，腰部肌肉用力，將身體側向足部方向起落。左右方向反覆交替練習。

三、俯臥背起

俯身臥在起坐板上，將踝關節放在圓管下面固定，將雙手交叉放在背後，用背部肌肉群發力，抬頭向後將身體向足部方向抬起，反復練習此動作。

四、舉腿收腹

身體平躺在起坐板上，雙腿儘量伸直並抬高，接著再緩緩放下。將此動作反覆多次後，再將雙膝彎曲，繼續做同樣的動作，以便達到更好的效果。

注意：在練習過程中，腿要伸直，膝蓋不能彎曲，雙腳要緩緩落地。在拉伸完畢後，身體好的人，可以適當增加一些有氧運動，如游泳、慢跑等，切忌運動過度。

在鍛鍊感覺稍累的時候，就要停止休息，每週鍛鍊3～5次就可以，不可以過度鍛鍊。過度運動就像「暴飲暴食」一樣對身體百害而無益，尤其是對對於高血

壓和心臟衰竭病人，醫生是主張積極運動的，但要避免運動過度，因為過度運動超出了心臟的負荷範圍，必將加重心臟損傷，致使血壓升高和心衰竭。只有適量運動才有助於血壓和心臟功能的恢復。只要先用藥物將血壓控制在正常範圍之內才可以進行大量運動，比如打球、游泳、跑步，都可以有效地減輕體重、增強血管彈性，尤其是早期高血壓患者更應該及早進行這種治療性生活改變。至於心衰竭病人，除非實在無法下床，否則力所能及的運動也都有益無害。

規律的運動是不會使人生病的，不規律的生活才最危險。所以，我們一定要合理制訂自己的運動計劃，給身體充分恢復的時間。一般說來，肌肉稍有痠脹感，並能在兩、三天內恢復，是比較理想的。如果運動鍛鍊給你帶來的是愉快和活力，那才是達到了最佳的效果。

利用伸背器的瘦身訓練

　　背部不僅是人體軀幹的主要組成部分，而且還是經絡和神經系統的密集地區。所以，保護背部健康是很重要的。

　　對於減少背部脂肪，有很多的運動方法，伸背器就是一個很不錯的拉伸背部的器材，經濟適用，效果顯著，很受瘦身人士青睞。

　　在利用伸背器拉伸練習的方法如下：

一、伸展練習：

　　背靠訓練器，雙手握住弧形板外圈，雙腿自然伸直，即將身體緩緩的後仰，彎下腰，儘量後仰，最大限度地伸展，能夠充分伸展腹部和腰部。

二、舉腿練習：

　　背靠著訓練器，雙手握住弧形板外圈，緩緩地將

雙腿朝上抬起，與上半身形成垂直角度。

　　伸背器拉伸練習能夠緩解長期低頭伏案工作者的腰肌勞損和腰背部肌肉疲勞。促進腰背部血液循環，改善和糾正含胸、駝背等不良姿勢。

　　在進行完伸背器拉伸後還可以用擦背法，來進一步緩解背部疲勞。具體做法是：用溫熱的濕毛巾自上而下，反覆揉擦從風府穴沿頸椎、胸椎、腰椎，以感覺舒服為佳。每天1～2次，每次3～5分鐘。

打造 V 字肩拉伸

　　由頸至肩這段緩和的線條，是表現女性美的地方。若這段線條出現和緩與柔美的特徵，則全身也會顯得和諧、動人。長時間伏案學習和工作的人，由於缺乏鍛鍊，以至肩部變得肥厚不適，使人沒有優美的肩部線條，影響體態美。經絡按摩是解決肩部不美的最有效的方法，如果你想獲得曲線柔美的肩部，現在就請你按照不同的穴位施行不同的指壓法。

一、三角肌前中央點：

　　將拇指充分彎曲，以第二指關節置於穴位上，用中等力量朝水平方向按壓10秒。

二、三角肌後中央點：

　　將拇指充分彎曲，按在三角肌後中央點上，食指和中指按在後中央點上，同時朝水平方向按壓10秒。

三、肩中間的點：

雙手伸到腦後，抱住脖子，以食指、中指按住左右肩中間的穴位，用中等力量垂直下壓10秒，反覆做三次。

四、肩根點：

將雙手拇指充分彎曲，將第二指關節置於左、右肩根點穴位上，用中等力量垂直下壓10秒，反覆做三次。

只要你能持續做上面的按摩，你就會擁有寬闊、對稱、均勻、豐滿、柔滑、光潔的雙肩，你的魅力也會因此而增加。

除了按壓穴位，拉伸也是一個美化肩部的好方法：

一、揉肩：

保持自然站立，放鬆身體，先把左手放於左肩，輕輕按揉30次，交換方向，右手放於左肩，按摩30次。如果肩部越來越熱，那麼就達到了鍛鍊效果：促進肩部血液循環，疏通肩部經絡。

二、畫圈：

自然站立，放鬆肩部，雙手肘部自然彎曲。然後將左手置於左肩，右手置於右肩。接著以兩邊肩胛為起點在空中畫弧，做圓周運動。先從前往後畫10個圓周，再從後往前畫10個圓周，運動幅度應當不斷增大，每天反覆練習4次。

三、前後擺臂：

保持自然站立，雙臂自然垂於兩側，調整呼吸到正常狀態。首先深吸一口氣，並使雙臂分別前舉和上舉到最大極限。再深呼一口氣，雙臂還原到兩側，並開始向後拉伸到最大限度，連續拉伸15次後回到自然站姿。稍作休息，可繼續練習3次。

四、逐步後伸臂：

自然站立於桌子側面，左手握拳與桌面接觸，手臂伸直，保持不動。然後右腿向前跨一步，伴隨下身的移動，體會肩部關節向後被迫拉扯的緊張感。

五、下蹲後壓臂：

　　背部對著桌邊，自然站立。左右手同時握拳與桌面接觸，同時兩膝彎曲，雙肘自然彎曲，身體向下蹲，並保持雙手和上半身的位置不變。體會肩關節向後上方拉扯的緊張感。

六、下蹲上舉臂：

　　距離桌子一隻手臂的距離，面向桌子自然站立。雙臂向前伸直，與桌沿接觸，此後保持手臂和上身不變，彎曲膝蓋做下蹲運動，體會肩關節被迫向前上方拉扯的緊張感。

七、下蹲外展臂：

　　距離桌子一隻手臂的距離，側身自然站立。右臂向桌子伸直，使右掌接觸到桌面，保持手臂不動的同時，雙膝自然彎曲，身體做下蹲運動，上半身略微向右傾，體會肩關節被迫向外伸展的緊張感。

背部放鬆拉伸

　　日常生活中要多注意背部的保養，如果感覺身體勞累過度的時候，可以用下面的拉伸方法來緩解背部的疲勞感。

(1)雙腳並立與肩同寬，雙手自然下垂、收腹。頭肩向後略有上升。將雙手向兩側抬起，與肩同高，繃緊肌肉，摒住呼吸，接著放鬆地垂下雙手。將雙手舉過頭頂，摒住呼吸，腳後跟與地面保持貼合狀態，接著儘量朝上方伸展。最後放鬆，回到起始狀態。

(2)坐在地上，雙腳向兩側分開，雙手支撐在身後。將右腿彎曲後跨過左腿，右膝蓋觸碰地面，手掌放在地面不離開。

放鬆後回到起始狀態。換左腿再重複做同樣的動作。

(3)俯臥，將雙臂彎曲，頭放在手掌上，雙腿伸直並分開，與肩同寬。將向右轉並向後看，同時抬起左腳，摒住呼吸，繼續保持不動。

放鬆後回到起始狀態。頭向左轉，換右腳重複做同樣的動作。

(4)俯臥。利用腳尖、肘部及前臂支撐身體，雙手手掌相對。以前臂和腳尖為支點抬起身體。回到起始狀態。

(5)向右側臥，利用右前臂和右手掌支撐身體。左手伸直貼緊身體，雙腿也儘量伸直。抬起身體，讓大腿離開地面，身體伸直，並保持不動。

放鬆後回到起始狀態。換左側重複做同樣的動作。

(6)坐在地面，背部挺直並收腹，雙腿交叉，右腿在上，手掌貼地。低頭將下頷貼在膝蓋在，放鬆頸和背部肌肉，保持不動。回到起始狀態。雙腿交換位置重複做同樣的動作。

(7)坐在地面，背部挺直並收腹，右腿彎曲，腳掌緊貼
　左腿。左腿彎曲後向後伸展，右手從身後支撐。用
　左手抱右肩。轉頭看左腳跟，保持不動。緩緩回頭
　目視前方，放鬆。換另一側重複做同樣的動作。

啞鈴美背拉伸

明星們一向是服飾潮流的先行者，女明星的露背裝風情萬種，讓很多女孩羨慕不已。而作為一種潮流，露背裝也悄悄蔓延開來，大膽的你也可以嘗試這樣的性感裝扮！要想擁有性感美背並不是夢，只要一天抽些時間來做做拉伸運動就可以：

單臂划船：

(1)保持站立姿勢，雙腿間距等於兩肩寬度。右腿向前邁出一步，右臂支撐在右大腿上，同時左手上舉啞鈴，左手肘部彎曲成45度角，慢慢將啞鈴放回，休息5秒鐘後，再上舉啞鈴，交換手臂做同樣的練習。

(2)保持自然站立，雙腿分立，間距與兩肩寬度相等。左右手分別握住啞鈴，自然放於左右兩側，首先雙臂側舉，使雙臂和肩膀在同一直線上，保持姿

勢5秒之後還原到自然站姿。

(3)保持自然站立，左腿往前跨一步，上半身向前彎曲大約45度，雙肘自然彎曲在60～90度之間。左右兩手握住啞鈴後，雙肘微微用力將啞鈴向上抬起，直到胸前，保持姿勢5秒之後還原。

以上這套健身操，反覆練習15次，能使背部肌肉更加緊緻，同時背部壓力也同時縮減。

完美的背部，不僅線條優美，膚質也應細膩。背部是全身肌膚最厚實的地方，循環代謝能力較弱，脂肪及廢物亦比較容易堆積在背部而形成角質、斑點、粉刺。因此，愛穿露背裝的女士們一定要做好背部美容的兩個關鍵：去斑點粉刺和角質。

要徹底地做好背部清潔工作，首先要選擇適合你肌膚的清潔產品，或是在沐浴乳裡面直接加入去角質的顆粒，洗澡、去角質一次完成。然後噴上化妝水或者是抑制青春痘的爽膚水，這是因為除了腳底板的肌膚之外，背部肌膚是全身最厚的部分，因而背部的循環代謝能力較弱，脂肪及廢物也比較容易堆積而形成粉刺，因而控油是重點。噴完爽膚水後抹上潤膚乳。有「去」有養，平衡調理，背部皮膚會日漸柔滑。

這裡，再給容易駝背的女性們提一些建議：

一、背靠牆壁站立

由後腦勺、雙肩、臀、腳後跟這四個部位全部貼住牆壁，將此動作養成每日的習慣，每次至少10分鐘，習慣抬頭挺胸的感覺。

二、常照鏡子

常常檢視自己的姿勢，時時提醒自己要抬頭挺胸。

三、做擴胸健康操

雙手伸到背後合掌，手指朝上，掌心相對。將此動作養成每日的習慣，每次持續5～10分鐘。

四、穿適度的高跟鞋

穿適當高度的鞋，人會不由自主地縮小腹、挺胸，但鞋跟不宜太高，以免腳趾變形。

上腹部和下腹部綜合拉伸

　　在這個追求美的世界裡，你從來不會聽到有人說有一個肥胖的腹部而引以為豪的。

　　有一個平滑的、緊實的上腹部永遠都是時尚所追求的。但，平坦的腹部又讓人覺得那麼可望而不可及，問題就在於，日常的運動，似乎總不會運動到的腹部。

　　下面就推薦幾組上腹部和下腹部的綜合拉伸方法，一星期做3次這項運動不僅會收緊你的腹部，而且會讓

你在走路的時候顯得更挺拔，讓你更加迷人。

一、上腹部

(1)腹部移臀：面部朝上，自然平躺在床上，雙臂自然垂於體側，用力將腿部向上抬起，直到與地面垂直。

然後利用腹部肌肉的力量，將臀部慢慢上舉至極限，保持 5 秒後慢慢還原。反覆練習 20 次。

(2)腹部抬起：面部朝上，自然平躺在床上，雙臂自然垂於體側，用力將腿部向上抬起，直到與地面垂直。

然後利用腹部肌肉的力量，將上本身慢慢上抬，直到雙手能觸及腳踝處，保持姿勢 3 秒後，緩緩還原到自然仰臥，反覆練習 20 次。

(3)挺直身體：接下來是一個靜止但略具難度的動作，自然仰臥，利用雙肘以及腳尖的力量將身體向上微抬，始終繃直身體，停頓 20 秒以上。

二、下腹部

(1)仰臥起坐：面部朝上，自然平躺在床上，雙手於腦後交叉。腹部用力，儘量將上身抬起，直到與地面

約為 60 度，保持姿勢 5 秒後回到自然仰臥，反覆練習 20 次。

(2)收腹抬腿：面部朝上，自然平躺在床上，雙手於腦後交叉，頭部與床面保持一點距離。

收緊腹肌的同時，慢慢向上將雙腿抬起，直到大腿與地面垂直，同時小腿平行於地面。停頓 5 秒之後，充分伸展雙腿並能觸及地面，反覆練習 30 次。

燃燒腹部脂肪拉伸

　　透過健身方式來減肥的朋友們就會發現，腹部上的贅肉是最難減的，每次都是運動到大汗淋漓，可是腹部上的贅肉還是穩如泰山，絲毫沒有退卻的意思，怎麼辦呢？下面教你四種最減腹部贅肉的拉伸運動，一定要持之以恆。

(1)自然站直，雙腿分立，向上提起右腿，保持單腿站立姿勢。雙手叉於腰際，右腿向上抬到平行於地面的高度，注意收緊腹肌，抬頭挺胸，停頓5秒後，換左腿重複各練習10次。

(2)保持站立姿勢，雙腿自然分立。雙臂握拳向上彎曲，貼於耳朵兩側，同時雙肘儘量往胸前靠攏。然後將右腿彎曲同時上抬，使右大腿平行於地面即可，停留5秒之後，慢慢還原到自然站姿，交替左腿重複剛才的練習，兩邊各20次。

(3)在椅子上，自然坐立，上身繃直，雙腿自然併攏。

將左手叉於腰際，同時右手上舉至頭頂上方後向左盡力拉伸，注意收緊腹部，胸部上挺，停頓5秒後回到自然坐姿，交替另一隻手反覆練習，各20次。

(4)自然坐於椅子上，雙腿自然併攏，注意身體只佔據椅子的前半部分。兩臂握拳前舉，間距約等於兩肩寬度，左右兩拳互相接觸後，上身先向右側旋轉至極限，再慢慢還原到前舉姿勢，交替左側反覆練習，各20次。

(5)面部朝上，自然平躺在地板上，保持腰部和髖骨與地面緊密接觸。然後利用肩胛骨向上拉伸的力量，脊柱與臀部同時略微上抬，此時左腿上舉繃直，與上半身呈90度角即可，保持姿勢5秒之後緩緩回復，還原為自然仰臥，交替右腿反覆練習，各10次。

(6)面部朝上，自然平躺在地板上，雙臂自然垂於身體兩側。雙腿慢慢向上抬起同時保持併攏，然後慢慢將上半身向上抬起的同時收緊腹肌，停留5秒鐘之後回到自然仰臥，反覆練習20次。

(7)面部朝上，自然平躺在地板上，雙腿併攏腳尖用力前拉伸直。上身向上直立同時，雙手握緊右膝，

並利用雙手的拉力，帶動右腿向右上方45度角的地方拉伸繃直，注意腳尖保持不變，同時利用腹肌調整身體平衡，停留5秒後，交替左腿練習，各10次。

瘦小腹也離不開飲食調理，很多人都不會否認，但很少有人注意到水的重要性，實際上喝水有著舉足輕重的地位。

(1)清早喝水減肚腩。早上吃早餐之前喝杯白開水、淡蜂蜜水或者添加了纖維素的水，能夠加速腸胃的蠕動，把前一夜體內的垃圾、代謝物排出體外，減少小肚腩出現的機會。

(2)餐前喝水減胃口。很多人都算不上肥胖，但是吃過飯後就會看見一個鼓鼓的胃凸出來，那麼最好餐前喝杯水，減輕饑餓感，進而減少食物的攝入量，時間長了胃口也就小了。同時也可以補充身體需要的水分，加速新陳代謝。

(3)下午喝水減贅肉。肥胖最主要的表現形式就是贅肉，這是因為久坐、高熱量食物造成的，而下午茶時分，正是人覺得疲憊、倦怠的時候，而此時更是因為情緒而攝入不必要熱量的脆弱時段，當然代價就是贅肉。可以喝一杯花草茶來驅散這種

因為情緒而想吃東西的欲望，同時花草的氣味還能降低食欲，也算是為只吃七分飽的晚飯打下了埋伏。

⑷除了一般的喝水，這裡再推薦兩款減肥好茶。

一、決明子茶

決明子茶可以作為溫和的通便劑，決明子還具有治療高血壓和醒酒的功效。

[材料]：決明子20～30克，水700毫升。

[制法]：將決明子放入水中，上火熬煮，熬到湯收到一半時關火，將渣滓過濾，只取湯汁。飯後兩小時飲用一杯。

二、蘆薈茶

蘆薈中的成分具有調理腸胃和輕瀉的作用。

[材料]：新鮮蘆薈適量。

[制法]：把洗淨的蘆薈切成8毫米厚的薄片，放入鍋中加入水，沒過蘆薈即可；用小火煮熟後濾出蘆薈即可飲用。

減掉臀部贅肉拉伸

　　鍛鍊臀中肌，即臀上部肌肉，能夠塑造出漂亮的
圓形臀部。而鍛鍊臀大肌則是針對臀部後側的大部分
肌肉，可以塑造出臀部側面的圓窩。

　　以下的臀部訓練操可以把兩部分肌肉都鍛鍊到，
並且還能夠幫助加強穩定性和協調性。

　　每週做2～3次，加上4～5次有氧運動（45分鐘1
次），4週之後，你就可以擁有完美的臀部曲線了。

(1)面部朝上，自然平躺在地板上，屈膝直到與胸接
　　觸，雙手平放於兩側與地面相貼，肩部保持與地
　　面緊密接觸。然後先將臀部慢慢向左邊翻轉，直

到雙膝與地面接觸，頭部則向右側旋轉，保持姿勢2秒後還原，向右側翻轉臀部繼續練習，各10次，越往後次數應越多。

(2)面部朝下，自然平躺在地板上，屈肘，使手掌置於肩部兩側。

利用雙手掌和臀部下壓的力量，使雙腿向上抬起，距離地面約15公分。然後雙腿交替向後踢出50次，像游泳時的姿勢一般，越往後次數應越多。

(3)面部朝下，自然平躺在地板上，雙臂自然垂於身體兩側，掌心朝下，雙腿分立大約15公分。

頭向一側偏，使一側臉與地面緊貼，然後收緊臀部，向上抬起左腿距離地面大約15公分，停留3秒後收回，交替右腿繼續練習，各10次，越往後次數應越多。

(4)自然跪於地板上，雙臂貼於身體兩側，手掌輕輕撫摸兩側大腿，繃直大腿和上身，然後手掌向臀部用力，不斷下壓，身體則向後彎曲，停留5秒後回到自然跪姿，重複練習10次，越往後次數應越多。

(5)自然跪於地板上，利用雙臂和兩膝的力量支持住身體，兩臂間距約等於兩肩寬度，兩膝間距約為

20公分。然後繃直左腿，向上抬起直到距離地面30公分，保持3秒鐘後回到自然跪姿，交替右腿重複練習，各20次，越往後次數越多。

(6)自然跪於地板上，利用雙臂和兩膝的力量支撐住身體。收緊臀部，上身向下彎腰，使頭貼近膝蓋。然後向上將頭抬起，並使身體上拱，左腿用力上抬保持繃直，停留3秒後回到自然跪姿，交替右腿反覆練習，各10次，越往後次數越多。

除去上述的美臀方法外，簡單按摩也是快速美臀的捷徑，承扶穴位於臀部臀線底端橫紋的正中央，左右各一個。按摩承扶穴不但有疏經活絡的作用，還能刺激臀部肌肉的收縮。

指壓5分鐘後，就會有輕微抬高臀部的感覺。特別要注意的是，指壓承扶穴時，首先垂直壓到穴位點，接著指力向上勾起，才能充分達到效果。

湧泉穴位於腳底，左右各一個。具體按摩如下：

(1)放鬆腳踝，踮著腳尖走路，可以刺激腳底的湧泉穴，平時在家看電視時即可做到。

(2)身體立正，雙腳併攏，然後邊吸氣邊踮腳尖，注意力集中在大腳趾與第二趾，腳跟踮起至離地約

一個半到兩個拳頭的距離，肛門縮緊。最後，吐氣，慢慢將腳跟放下，肛門隨之放鬆。重複踮腳至放下腳跟的動作做8次即可。

剛練習時可做2～3分鐘，習慣後每次可做15分鐘。

2

呼吸瘦身法，人類減肥史上的突破

呼吸瘦身法，「吹」走你的脂肪

　　正確的呼吸也能「吹」走身上多餘的贅肉，帶給你靈巧的身材，讓身心從此大放異彩。

　　不願運動的女人們現在有了一個既能瘦身又可以保持健康的祕密，呼吸是每天不可缺少的，那何不讓它變得一舉兩得，只要做小小的調整，大大的誘惑就在不遠處等著你。

胸式呼吸，不健康的呼吸

胸式呼吸又稱肋式呼吸法、橫式呼吸法。這種呼吸法單靠肋骨的側向擴張來吸氣，用肋間外肌上舉肋骨以擴大胸廓。

胸式呼吸時，只有肺的上半部肺泡在工作，占全肺五分之四的中下肺葉的肺泡卻在「休息」。這樣長年累月地下去，中下肺葉得不到鍛鍊，長期廢用，易使肺葉老化，彈性減退，呼吸功能差，無法獲得充足的氧，滿足不了各組織器官對氧的需求，影響身體的新陳代謝，身體抵抗力下降，易患呼吸道疾病。

胸式呼吸還有一個最大的缺點是，在呼吸的同時無法充分調動小腹的「積極性」，這樣就使呼吸減腹的效果大打折扣，讓女性「費力氣」，卻沒有收到任何成效。

腹式呼吸，完美的呼吸

腹式呼吸主要是透過調動橫膈膜來進行高效率的呼吸，吸入大量空氣後，肺部最大擴張，肺部下方的橫膈膜受到壓迫後而下降擠壓腹部，腹部就會鼓起來：呼氣時，肺部在將空氣呼出的同時橫隔膜上升，腹部

沒有了擠壓逐漸恢復原狀，然後有意識地收縮，收縮的腹部又會將橫膈膜向上頂，將肺部剩餘的空氣也擠出去。

　　該呼吸法一方面有助於刺激腸胃蠕動、促進體內廢物排出，另一方面也能使氣流順暢，增加肺活量。使腹部以及腹腔內的器官得到很好的按摩，對於渴望減掉小肚腩的女性來說更是一種有效的減腹運動。

腹式呼吸減肥的六大理由

　　呼吸是人的一種正常的生理現象，同時又是重要的養生之道。人的一呼一吸承載著生命的能量。科學家們研究發現：人的肺平均有兩個足球那麼大，但大多數人在一生中只使用了其中三分之一的能力。

　　美國健康學家的一項最新調查顯示：不論在發達國家，還是在發展中國家，城市人口中至少有一半以上的人呼吸方式不正確。很多人的呼吸太短促，往往在吸入的新鮮空氣尚未深入肺葉下端時，便匆匆地呼氣了，這樣等於沒有吸收到新鮮空氣中的有益成分！

　　坐辦公室的人，由於坐姿的局促和固定，通常是

淺短、急促的呼吸，每次的換氣量非常小，所以造成
在正常的呼吸頻率下，依然通氣不足，體內的二氧化
碳累積；加上長時間用腦工作，身體的耗氧量很大，
進而造成腦部缺氧。於是白領們經常出現頭暈、乏力、
嗜睡等辦公室綜合症。

腹式呼吸減肥的六大理由

(1)腹式呼吸能夠吸入大量的氧氣，吸入的氧氣越多，
心肺的活動也就越活躍，進而使心肺機能大大提
高。腹式呼吸可改善腹腔的血液循環，使腹部皮
下脂肪不會因體溫過低而出現堆積。
血液循環順暢還會改善新陳代謝，增強身體對熱
量的利用與消耗，防止多餘熱量轉化成脂肪堆積
在腹部。

(2)腹式呼吸還可以緩解情緒，如果人在精神稍稍緊
張的時候，利用胸式呼吸，會使情緒更加緊張，
容易出現失眠、神經衰弱等症，還會造成身體荷
爾蒙失調。而採用深長而緩慢地腹式呼吸卻能使
腹腔內各器官得到休息，有效地疏通壓力、安撫
情緒、減少焦慮、恐懼等不安感覺，對荷爾蒙失
調引起的水腫型腹部肥胖也有較好的調理作用。

腹式呼吸能促進腹腔運動。進行腹式呼吸時體內的橫膈膜會上下運動，同時帶動腹腔中的內臟一起運動，並對內臟起到按摩的作用。

(3)防止小腹突出。站著進行腹式呼吸，在呼吸的時候需要用腹肌來支撐身體，如果身體的姿勢不正確，腹肌就會自動進行矯正，以減輕對身體的負擔。久而久之，身體的肌肉與關節都得到了很好的改善，使身材變得更加苗條健美。

(4)消除下腹部鬆弛。下腹部是最容易堆積脂肪的部位，很多女性想盡辦法也無法讓肥胖的小腹變得平坦，而腹式呼吸正是使用了下腹部肌肉，使最難以消除的脂肪不斷燃燒，使鬆弛的腹肌得到很好的鍛鍊，腰圍和腹圍也會相應縮小。

(5)抑制食欲，自然減少進食量。採用腹式呼吸的坐姿，能夠使腹肌始終處於抻拉狀態，壓迫胃部，使胃口自然縮小，即使只吃一點東西也會感覺很飽，即使不刻意節食也能減少進食量，避免暴飲暴食或者吃得過多造成的身體肥胖。

怎麼呼吸才會瘦

對於很多沒有時間或是懶得運動的人來說，腹式呼吸是最方便又不受時間地點限制的運動方式，即使是坐在辦公桌前敲鍵盤時也可以做得到，現在就請你跟著我一起做吧！

一、吸氣

首先把雙手放在左右兩側的肋骨上，深深吸一口氣，感覺胸腔隨著吸氣而擴大。吸氣時，腹部只要放鬆就可以了，感覺呼吸一直到達腹腔。

二、吐氣

把手移至腹部，用手感受吐氣時腹部如何收縮。接著慢慢吐氣，腹腔往內凹，感覺肚臍正向脊椎靠近；吐氣時，透過鼻腔讓氣慢慢吐出來，保持這種有節奏的呼吸方式。重複著吸氣、吐氣的動作。

三、練習次數

每天最少3～4次，每次時間以5～10分鐘為宜，再慢慢加強。

四、練習小祕訣

慢慢熟悉了如何正確呼吸及腹部收縮的方式之後，就可以把手放在最輕鬆的位置，隨時隨地都可以進行呼吸減肥法了。

進行腹式呼吸時，記得要放鬆身體，尤其很多人剛開始實行時都會把肩膀繃得很緊，這樣做起來就很累了。呼吸時透過鼻腔進行呼氣和吐氣，讓呼吸慢下來，不用特別發出聲音，只要把注意力放到腹部即可。

腹式呼吸幫你減小腹

　　腹式呼吸的方法很簡單：吸氣時，小腹鼓起；呼氣時，肚皮縮緊。雖然剛開始可能不太習慣，甚至突然變得不知道該怎麼呼吸，但該呼吸法一方面有助於刺激腸胃蠕動、促進體內廢物排出，另一方面也能使氣流順暢，增加肺活量。

一、適用於腹式呼吸的小腹肥胖類型

(1)廢氣型

　　肚腩由胃部開始突出，用手指敲打有陣陣回聲。造成這種情況的腹部肥胖主要是因為吸入過多空氣或者喝了碳酸類飲料，使體內積存的廢氣過多造成的。此外，便祕也會堵塞腸道，使廢物無法排出而發酵形成氣體，致使腹部脹氣。

(2)廢物型

　　肚腩由胃部開始突出，用手指按壓後有堵塞東西

的感覺。主要是由於排泄不暢導致宿便堆積在腸道內，久而久之，肚子自然會鼓起來。如果你的腹部有任何一種情況的肥胖，那就來練習腹部呼吸吧！

二、準備活動

(1)意守丹田

雙腳分立與肩同寬。嘴巴微閉，舌抵上顎。上半身伸直，雙膝稍微彎曲。雙手掌心相對，如抱一個皮球，放在胸前。意念集中於肚臍下面約 5 公分的「丹田」。靜立 1～2 分鐘。

(2)吸氣

雙手重疊（女性左手在內，右手在外，男性相反），放在腹部下面。一邊用鼻孔吸氣，一邊膨脹胸部，內收腹部，使腰臀部向後方突出。

(3)屏氣

雙手輕輕地按壓腹部，同時摒住呼吸兩秒鐘。

(4)呼氣

雙手鬆開，一邊呼氣，一邊鼓起腹部，同時腰部前挺。

三、消除下腹部脂肪

⑴自然站立，雙腳分開約與肩同寬，輕輕吸氣。

⑵身體向前屈，雙手邊向前輕推。

⑶然後邊吐氣，雙手慢慢上舉。

⑷雙手高舉過頭，收緊腹肌，吐氣完畢。

⑸邊吸氣邊還原成預備姿勢。

四、消除腹部四周脂肪

⑴右手扶牆，以支撐身體，輕輕吸氣。

⑵邊側舉左腿邊吐氣，腿無須舉得很高。

⑶繼續吐氣，膝蓋彎屈，頸部左側屈。

⑷邊吸氣邊還原成預備姿勢。

⑸換右腿做相同動作。

完全呼吸法，瘦身美膚全祕笈

　　生命就是一呼一吸間。從呼吸開始體會自己的情緒、情感，你就能找到與自己交流的方式。

　　有人學習瑜伽後說，「活了30多年到現在才學會怎樣喘氣！」聽起來有些奇怪嗎？其實一點也不奇怪。我們身邊90％以上的成年人都不會正確的呼吸，長期處於短淺呼吸的狀態。

　　我們這裡所說的完全呼吸法是由腹式呼吸法和胸

式呼吸法組成的，它是有意識的使用腹、胸、肩進行呼吸的方法，能夠最大限度的攝入氧氣與能量。

在進行完全式呼吸時，應當保持呼吸順暢輕柔，整個過程是連貫、流暢的。

呼吸的時候可以想像一下波浪輕輕地從腹部到整個胸部，然後逐漸消失。

此外，在進行完全呼吸的時候，吸氣時儘量將腹腔內的空氣提至胸、肩、喉等部位，呼吸的時間儘量延長，如果無法長時間，可以試著將吸氣和呼氣分成三個等分，這樣做起來就相對容易一些。

呼吸方法如下：

(1)調整一個最舒適的姿勢，將身體放鬆，然後緩慢而深長地呼吸，保持胸腔不動，使腹部慢慢向外完全擴張。

(2)呼吸不應該有雜音，吸氣時腹部逐漸鼓起，充滿空氣，並將空氣儘量送入肺部的頂端。小腹慢慢的鼓起，胸腔非常自然地隨著腹部的擴張而擴張。當胸腔擴張到最大後，鎖骨和肩部微微上聳，將空氣送到咽喉部位。

(3)吸氣完成後，然後開始呼氣。保持身體其他部位的放鬆，放鬆肩膀、鎖骨以及胸腔上部，使氣流

逐漸下降，小腹慢慢內凹。然後依次將胸部和腹部向內、向下收縮，使肺部空氣排空。

每天練習5～10次，當呼吸熟練後可將時間延長至10分鐘。

交替呼吸法，可以減壓

　　傳統瑜伽認為，人的左鼻孔和左經相聯繫，右鼻孔和右經相聯繫。交替呼吸法讓兩個鼻孔中流通的空氣都順暢，也就是讓生命之氣在左右經中流通得均勻、順暢。促進左、右經中流動的生命之氣透過中經——人體中最重要的經絡得到潔淨和純化，讓人處於一種和平寧靜和善良的狀態之中。

　　交替呼吸是瑜伽呼吸法中最具有鎮靜作用的方法，可以平衡大腦的左右兩個半球，人體的右鼻（太陽）

通陽負責交感神經，左鼻通陰（月亮）負責副交感神經，所以利用左右兩鼻孔輪流呼吸，可以調整交感神經與副交感神經，調整身體左右側的能量平衡。

這種呼吸法能夠幫助清理經絡，排除毒素，潔淨身體，給身體更多的氧氣供應，使人精神更加煥發，內心更加安寧、清澈，獲得更多的自然能量。

如果你無法抗拒美食的誘惑，如果你即使飽餐一頓後也無法終止進食的欲望，說明你的大腦皮質下視丘出了問題。

下視丘控制著你的食欲，如果出現分泌紊亂等問題，它會不斷向大腦發出進食的指令，而不管你是否已經不再需要食物。如果想克制食欲，則可以透過交替呼吸來調整交感神經。

練習方法如下：

伸出右手，掌心向上，食指和中指彎曲，拇指伸出，這樣就可以用拇指來控制右鼻孔的呼吸，無名指和小手指來控制鼻孔了。

(1)用無名指壓住左鼻孔，用右鼻孔深呼吸。

(2)用右鼻孔深呼吸，然後用大拇指壓住右鼻孔，摒住呼吸。

(3)放開左鼻孔，用左鼻孔深呼氣，摒住呼吸。

(4)用左鼻孔深吸氣，再用無名指壓住左鼻孔，摒住呼吸；鬆開大拇指用右鼻孔深吸氣。

(5)反覆練習幾分鐘，然後用右鼻孔吸氣，放下手，用兩鼻孔深吸氣，結束練習。恢復自然呼吸。

注意：練習時肩膀要柔軟放鬆，不要拉緊。練習時保持自然、輕鬆的呼吸即可，避免呼吸時的壓力感，哪怕是最輕微的緊張感，保持持續的、舒適的節奏，感覺氣息的流動，輕柔地吐納氣息。

練習完宜閉眼放鬆一下，恢復正常的呼吸節奏。

喉式呼吸法，解放心裡的呼吸法

喉式呼吸法提倡完全呼吸法，目的是讓氧氣和生命能量完全進入肺部，滲透到我們身體的每一個細胞中。

喉式呼吸法一詞中的其意思就是掙脫束縛、解放心靈的呼吸法。吸氣時，空氣是透過喉管後部（會厭）進入肺部，產生微弱的共振。這樣，如果我們有意識地去聽，就能聽到自己的呼吸，甚至在吸氣和呼氣時還能察覺到生命力和生命能量。

這種呼吸的共鳴聲其實就是輕柔的曼特拉（神聖的思想或祈禱），我們可以把注意力集中在它上面，按照一定的節奏從一個姿勢轉換到另一個姿勢。

喉式呼吸是非常奇妙的瑜伽呼吸方式之一，即使你並不懂瑜伽，也可以進行喉式呼吸。

喉式呼吸主要是用鼻孔呼吸，但在呼氣與吸氣的時候應當收緊喉嚨，並分別發出「ha」和「sa」的聲

音.只要朝著這兩個發音方向進行呼吸就可以了。同時，在進行喉式呼吸的時候，小腹應始終處於緊繃的狀態，這樣才能更好地發揮呼吸減腹的作用。

> ### 喉式呼吸法的練習：

(1)將意念集中在鼻子的呼吸上，透過鼻孔深長而緩慢地呼吸，反覆數次深呼吸後，呼吸節奏逐漸平穩有序。

(2)利用鼻子深長而緩慢地吸氣，使肺部充滿空氣，呼氣時則應當透過喉嚨，並且發出類似於「打鼾」的聲音，以這種方式呼吸數次。

(3)逐漸將意念完全集中在喉嚨上，使呼吸透過喉嚨來完成。

呼氣和吸氣時，應輕輕地收縮喉部肌肉，整個呼吸過程緩慢深長。

隨著注意力的集中程度進一步加深，你會開始自然地意識到每次呼吸週期的四個階段：第一個階段是吸氣，空氣要一直到達身體下部，然後再慢慢溢及鎖骨；第二個階段是一個暫停的過程，吸氣完成，呼氣尚未開始，稱為懸息；第三個階段則是呼氣，氣流從身體上部呼出，逐漸排空直到身體下部；最後是短暫

的摒息，本次呼氣完成，下一次吸氣還未開始。需要注意的是，懸息和摒息切不可忘，也不可偏重其一。

　　剛開始呼氣會時間長些，也更容易做好。因此第一個「呼吸的拉伸」就是延長吸氣的時間以便與呼氣的時間相平衡。

　　第二，在呼吸運動過渡同步並且這過渡的過程需要更長時間的吸氣或者呼氣時，第二次呼吸的拉伸就來臨了，呼吸拉伸的效果就是身體的拉伸。

蒲公英呼吸法，改善小腹鬆弛

　　蒲公英式呼吸採取舒適的坐姿，嘴唇縮攏，輕輕吹出一口氣，想像自己在吹一朵蒲公英（或者隨手取一株鼠尾草），不停地透過嘴短促呼氣直到腹腔內空氣全部被吐出，再用鼻子深深地吸氣。

　　在吸氣的時候想像身體各處向腰腹部聚合，而呼氣的時候儘量延長吐氣的過程。

　　同時腹部持續性鼓起能夠使腹肌得到更好的收縮，使身體因滯留過多的水分而出現的水腫得以消散，改善小腹鬆弛問題。

> 蒲公英式呼吸的練習方法：

(1)盤坐在地上，呈至善坐。嘴唇輕輕撅起，輕輕吹
一口氣，就好像在吹蒲公英一樣。

吹氣應當保持持續性，不要間斷，直到體內的空
氣全部被吐盡，此時腹部肌肉隨著吐氣而逐漸收
緊。

(2)接下來，繼續用鼻子吸氣，深呼吸幾次後然後短
促呼氣，重複這樣的呼吸練習15次。

前傾呼吸法利用腳掌貼和，將腹肌橫向拉伸，然
後透過身體前傾的方式將腹部縱向拉伸這種「十
字繃帶」的方式能將腹腔內的消化器官固定在原
位，使小腹不因胃下垂、移位而向外突出即使吃
飽了飯，小腹仍然平坦如一。

(3)雙腿伸直，站在墊子上或坐在地上，兩腳腳掌互
相貼合，兩膝儘量靠近地面。

上身向前伸展，手臂儘量向上抬起與肩膀成一條
直線。收緊小腹，邊做擴胸運動邊吸氣。

在吸氣的同時上身繼續緩慢前傾，腹部儘量壓到
雙腳上面。

當身體前傾倒最大限度時，摒住呼吸並保持這個

姿勢5秒鐘。

　　一邊呼氣一邊抬起上身，此時應當腰腹部用力。將身體恢復原來姿勢後深呼吸5次，再重複上述動作5～10次。

山田式呼吸法，收腹挺胸有一套

　　山田式呼吸法重點強調的是腹部的收縮。

　　通常我們在呼氣的同時都會將小腹放鬆，而山田式呼吸法卻反其道而行：吸氣時將體內空氣「逼」進胸腔，呼氣時透過縮緊小腹，使氣流無法向下流動，使腹部和胸部仍然保持收縮和堅挺的狀態，長此以往持續練習，更能訓練出平坦的腹部，豐滿的胸部。

　　在進行山田式呼吸法時，先用鼻吸氣，雙肩不要上抬，充分擴展胸廓，然後用嘴吐氣。

　　在呼吸過程中，可以使用上腹部，但小腹一定要保持收縮狀態。

剛開始使用山田式呼吸法時，不要馬上加大呼吸量。因為胸廓還未充分擴展，空氣會習慣性地吸入小腹，因此，呼吸量應適當加大。

| 山田式呼吸的練習方法： |

(1)自然站立，雙腳微微分開，雙手自然放在身體兩側，雙肩自然下垂。

(2)先用鼻子充分地吸氣，吸氣的同時肩膀不要上抬，儘量收縮小腹，使氣流湧入胸腔，使胸腔充分擴展。

(3)身體無法再吸氣後，開始呼氣。呼氣的時候不要放鬆小腹，此時最好採用喉式呼吸。

蜂鳴式呼吸法，減輕腹脹

蜂鳴式呼吸能夠引起肺部組織共振，是減輕腹脹、胸悶的好方法。

除了具有較好的瘦腹作用之外，對於情緒不穩定、容易焦慮、失眠的人來說，經常練習蜂鳴式呼吸還有特殊的鎮靜安神作用，避免因內分泌紊亂造成脂肪代謝失調等問題。

另外還要注意的是，練習蜂鳴式呼吸數次後，最好平躺在床上或者地上休息片刻。

蜂鳴式呼吸的練習方法：

(1)自然站立，雙腳微微打開，將右腳踝輕輕放在左膝上方，成單腳蹲姿，將身體重心移到左腳。

(2)保持身體穩定，雙手合十置於胸前，閉上雙唇用

鼻子呼吸。先深吸一口氣，吸氣的時候不發出任何聲音。摒住呼吸兩秒鐘，然後呼氣。

(3)在呼氣的時候，嘴閉緊並大聲發出「嗡嗡」的聲音，呼氣的時間盡可能延長，只要感覺舒服就可以。

如果身體能夠保持平衡，還可以用手指堵住耳朵，感受呼氣時引起的共振，並將這種振動傳到小腹，大膽的想像腹部的脂肪正隨著這種持續性振動開始分解、消耗。

其他呼吸方法

　　以上，給大家講述了很多呼吸的方法，這裡再給大家綜合簡單的介紹下其他的呼吸方法。

一、肢體呼吸法

(1)放鬆身體盤坐在地上，兩腳掌心相對，完全貼合，大腿和膝蓋儘量靠近地面，上半身充分挺直。

(2)將雙臂抬起，向前伸直，將左右手的食指伸直，其他手指攥拳。吸氣的同時收緊小腹肌肉，上身向前傾，腹部儘量下壓。

(3)當上身前傾倒最大限度時，摒住呼吸至極限，然後，一邊呼氣一邊抬起上身。反覆呼吸5次。

二、肩式呼吸法

(1)將上身直立盤坐好，雙手放在鎖骨處，緩慢而深長地吸一口氣，同時雙肩慢慢提起，腹部收縮。

(2)當空氣已經充滿胸腔，腹部與脊椎貼近時，摒住
呼吸5秒鐘，然後慢慢呼氣，放下雙肩。

三、火焰式呼吸法

(1)坐在椅子上，一隻手放在大腿上，另一隻手置於
小腹之上；脊椎伸直，下頷內收。

(2)短促的呼氣，吐氣的同時儘量將小腹向脊椎靠攏，
當肺部內的空氣完全吐淨後迅速放鬆身體。

四、吹笛式呼吸法

先用鼻子吸氣，使肺部充滿了空氣。呼氣時，雙
唇向前突出呈吹口哨狀，然後將空氣分次吐出。

吐氣應當短促，每吐氣一次就停頓一下，使呼吸
道內的壓力逐漸降低，一直到將氣體吐淨為止。

五、吐氣呼吸法，排出體內廢氣

(1)身體放鬆坐好，以正常方式呼吸數次，然後深長
而緩慢地吸氣，吸氣的過程中應當安靜，不發出
任何聲音。

(2)待感覺肺部充滿空氣後，開始呼氣，同時要收縮
腹部，此時可以聽見氣流透過鼻孔的聲音。

(3)再次吸氣，自然放鬆腹部，使空氣自然進入人體。

呼吸20次為一個回合，可重複2～3回合，也可以
根據練習熟練程度，逐漸增加呼吸次數。

呼吸減肥，隨處都可以

　　正確自然的呼吸習慣會對身體健康產生積極影響。我們呼吸的品質越好，身體的新陳代謝、神經、肌肉和大腦也就運行得越積極；深長的呼吸還能煥發精神，增強注意力和提升身體的免疫力，甚至能讓你的聲音變得更有力！

　　為什麼我們必須一直不停地呼吸？這是因為血液在我們肺部的肺泡內進行氣體交換，而後輸送氧氣至身體的每一個細胞中，並將體內的毒物排除。

下文推薦幾日常生活情景中的一些呼吸小方法。要注意的是，不論你採取下列方法中的哪一種，至少每次練習時都要重複3次，才會有效。

一、工作時

在電腦前工作的時候，如果長期坐姿不正確，不僅會使人腰痠背痛，還會令骨盆前傾，導致小腹突出。

建議，伏案工作時採用腹式呼吸，不僅能夠使下腹部在身體靜止的狀態下得到運動，還可以透過呼吸隨時糾正不良坐姿，使身體始終保持優美的姿態。

二、進餐時

在進餐時如果吃得太快，身體來不及發出吃飽的信號，很容易造成暴飲暴食。

如果在進餐時採用腹式呼吸的方法嘴巴閉緊咀嚼食物，用鼻子呼吸，不僅能夠放慢進食速度，還會減少進食的數量，使小腹不會因吃得太多而變形、發胖。

三、運動時

運動時除了動作的姿勢要正確外，對呼吸的要求也是非常嚴格的，正確的呼吸方式能夠使運動起到事半功倍的成效。

　　尤其是像游泳這類需要大量使用腹肌的運動，利用腹式呼吸還能夠使腹肌得到更好的鍛鍊。

四、洗澡時

　　在泡澡的時候，悠閒地躺在浴缸裡，在熱水中浸泡能夠使身心得到放鬆，如果此時閉目進行呼吸運動，能夠使血液循環更加順暢，加快人體代謝，將體內的多餘脂肪和廢物一掃而空。贅肉沒有了，小肚腩自然也不會再出現。

五、開車時

　　長期開車容易造成運動不足，腹式呼吸能夠對腹肌起到鍛鍊的作用，尤其是對那些經常開車但又怕身材變形的女性司機來說，腹式呼吸是再好不過的瘦腹運動了。

　　此外，開車時進行腹式深呼吸還能使身體吸入更多的氧氣，使大腦更加清醒，避免因缺氧造成的注意力不集中、頭暈迷糊。

3

娛樂減肥法：前衛時尚的瘦身大法

現在日本最流行香浴瘦身操

　　到了夏季，手臂太胖不敢穿背心，腿太粗不敢穿短裙，有沒有辦法輕鬆的瘦下來，讓自己小露性感、魅力加分？

　　你是不是也認為，要減去身上多餘的贅肉，保持人人稱羨的好身材，勢必要花很多時間和精力來健身，總覺得費時又麻煩，平常工作又忙又累，回到家根本就不想動，更別說是上健身房了。

　　如果你就是這種又懶又想擁有好身材的美眉，就一起來實行「沐浴瘦身法」。

　　利用每天洗澡的時候，配合體操和按摩，其實也可以讓你瘦得很輕鬆喔！洗澡是每個人每天都能做的事情，也是跟自己身體最親密的時刻，洗澡前先來個

伸展運動，進浴室淋浴或泡澡時，順便針對想瘦的部位，做些簡單的按摩操，不會花你多少時間，卻可以達到令人意外的成效。

想要讓塑身效果更加倍，可以準備輔助的小道具和沐浴產品，像基本的海綿或沐浴刷，用來去角質的磨砂膏、沐浴鹽等，可以同時達到去角質和塑身的效果；泡澡的時候，在洗澡水加入喜歡的精油，或是有「瘦身」效果的泡澡包，增加身體的血液循環，也能促進代謝，有助於身體塑形！

洗完澡再針對想瘦的地方，以按摩的方式擦上緊實霜，都能讓瘦身效果更加倍。

(1)腿部動作：順著小腿揉按至大腿後部，再沿大腿內側由上而下輕撫至腳踝，促進血液循環順暢，揉按力度要適中，這樣可使腿部皮膚更光潔有彈性。

(2)臀部動作：首先我們來改變水流方向讓水流接觸腰椎和脊椎。深蹲，雙手從大腿前部向下打圈按摩至腳踝，然後雙腿伸直，挺腰直身，雙手自下而上提拉臀部肌肉，美化臀部線條。

(3)胸腹動作：面對蓮蓬頭，水流溫和接觸胸骨。雙手於腰腹部交叉，向後擴胸，手掌來回按摩腹部

兩次。防止脂肪細胞過度堆積，促進身體循環代謝。

(4)手臂動作：水流接觸頸側和肩周。用沐浴球自肩頭打圈按摩至手腕，向上曲臂，沐浴球自手背滑向手肘，雙臂舒展平直。注意擴展胸部，美化胸部線條。

(5)伸展動作：關掉水流。雙手由小腹經上身向上提升至頭頂上方，配合吸氣，向上收緊全身線條，塑形、呼氣、還原。

唱歌也可以減肥你知道嗎

　　唱KTV減肥，歡歌一宿窈窕永久你知道嗎？唱歌可是一項很好的減肥運動，約上三五知己一起去KTV唱唱歌，也能唱出窈窕來。

　　唱歌時我們呼吸的方式尤為重要，也就是平常所說的腹式呼吸法，要利用呼吸帶動腹部肌肉收縮，進而促進新陳代謝，達到緊實肌肉，減去脂肪的效果。我們使用此種呼吸時，可以調節空氣的吸入和呼吸量，

使空氣中的養分能被人體迅速吸收，進而分解脂肪，
這對於脂肪的燃燒是很有效的。

一、垂直吸氣

(1)身體站直，兩腳分開與肩同寬，肩部放鬆；一手
握住麥克風，一手按住腹部。

(2)張開嘴，利用口和鼻垂直向下吸氣，感覺將氣吸
到肺的底部。吸氣過程中，下肋骨附近會擴張起
來，橫隔膜有一定程度的擴張，感覺腹部向前及
左右兩側膨脹。

(3)收緊小腹，挺值背脊，K歌準備動作完畢。

懶人叮嚀：吸氣將要結束的時候，能感到氣流會
推向脊柱兩邊和背後，並純粹在那裡，摒住呼吸後再
緩緩將氣吐出來。

二、緩緩吐氣

(1)整個K歌過程中，需要始終保持氣息。在唱的動作
未結束之前，始終都要保持吸氣狀態，身體之內
彷彿充盈著氣息。這種充滿氣息的感覺同樣能夠
讓你以更好的狀態來唱完這首歌。

在需要呼氣的時候，控制呼出速度，儘量節省用

氣，均勻而緩慢的吐氣。

懶人叮嚀：這樣K歌，可能會有輕微的呼吸僵硬，必須儘量投入到歌唱之中，表情和心情都要放鬆，橫隔膜和兩肋才能維持緊張狀態。要把氣息儘量留在兩肋和橫膈膜之下，而不能使氣團不斷被呼出，進而降低脂肪燃燒的效果。

三、控制氣息

在第二部完成之後，將氣息保持住，使聲音始終落在所控制的氣團之上，這樣聲音就由呼吸來控制，不但能夠幫助你自如的升高音或是降低音，而且小腹和全身的脂肪也會輕易跑光。

懶人叮嚀：除了唱歌方法要正確之外，歌曲的選擇也要十分重要。歌曲時間長，節奏快是不錯的選擇。

調整好呼吸後，我們再來看K歌減肥，該選擇那些歌曲：

生理遺傳性，主要表現為食欲好，不常運動的人，適合下列歌曲：

(1)張柏芝的《星語心願》，可釋放熱量60焦耳。

(2)《我的野蠻女友》的主題曲《Ibelive》，可釋放52焦耳。

3. 娛樂減肥法：前衛時尚的瘦身大法

工作壓力大，情緒不佳時會暴飲暴食的人，適合下列歌曲：

(1)張惠妹的《姐妹》，可釋放熱量64焦耳。

(2)梁詠琪的《新鮮》，可釋放42焦耳。

(3)莫文蔚的《愛我請舉手》，可釋放60焦耳。

失調型，主要表現為吃飯速度特別快的，適合下列歌曲：

(1)陶晶瑩的《太委屈》，可釋放60焦耳。

(2)劉若英的《成全》，可釋放50焦耳。

代謝不足型，主要表現為不易出汗，適合下列歌曲：

(1)《芭比娃娃》可釋放42焦耳。

(2)中國娃的《單眼皮女生》，可釋放熱量64焦耳。

K歌減肥法雖然有利於減肥，但也不是人人都有適合的，有下列情況者請不要使用K歌減肥法。

(1)女性月經期及前後數日。

(2)手術治療後3個月以內。

(3)發生大範圍灼傷及牙痛、肌肉痛等炎症。

(4)感冒時。

牛奶浴＝美膚＋瘦身

　　現在，越來越多的人在家泡牛奶浴，但你知不知道，其實無論中外，在很早的時候，人們就發現了牛奶的美膚養顏功效。明代著名醫學家繆仲醇在其書《本草經疏》中就說過：「牛乳能悅澤肌膚，安和臟腑，益顏色。」

　　宋代的《奉親養老新書》也提到了牛奶補血脈，強身健體，潤澤肌膚，延緩衰老的功效。但牛奶浴確是從古羅馬帝國尼祿的皇后開始的。隨著科學的進步，人們更是發現了牛奶作為「完美食品」的神奇功效，它含有數十種人類需要的天然營養，因此非常適合人類食用，只要每天飲用牛奶500毫升，便能滿足每日大部分的營養需要。牛奶是上天賜給人類最完美的禮物，學會正確的使用牛奶的方法，你可以達到不一樣的美膚功效。

3. 娛樂減肥法：前衛時尚的瘦身大法

一、用牛奶和麵粉製作優質面膜

牛奶含有豐富的乳脂能有效改變皮膚乾燥的現象，將牛奶與麵粉調和，便能製造出一款非常優質的面膜，尤其適用於中性肌膚。而對於油性肌膚的使用者，就需要把全脂牛奶換成脫脂牛奶，再與麵粉調和，去脂的牛奶麵粉面膜有極佳的改善膚質的功效，但對於還處在20～40歲這個年齡階層的人來說，就不用再對牛奶進行任何加工，可直接製作面膜了。

二、食鹽牛奶浴告別皮屑

牛奶和鹽混合，可以有效的改善粗糙的肌膚，並去掉困擾你的皮屑，讓肌膚更加光澤嫩滑。

製作使用方法是，先在將一杯食鹽融化在一個小罐子，將融化好的食鹽水倒入已經放好溫熱水的浴缸裡，隨後只要再加入4杯等量的脫脂奶粉便製作完成了。在使用時，你只要安心舒適地躺在這個加入了牛奶和食鹽水的浴缸裡，浸泡半個小時，然後再按照你日常的沐浴步驟進行便可以了。這種食鹽牛奶浴最好一週使用一次，可有效的告別皮屑，讓你享有滑嫩肌膚。

三、燕麥調牛奶去掉斑點

　　人們都討厭肌膚生痤瘡、黑頭、面皰、雀斑等破壞肌膚潔淨的東西。但只要這類肌膚問題不是特別嚴重，你就可以透過每天敷10分鐘燕麥調牛奶面膜簡單的去掉它。

　　方法是將2湯匙的燕麥與半杯牛奶調和均勻，之後將調和好後的牛奶燕麥用小火煮，煮熟後待其晾至溫熱，便可以使用了。

四、牛奶調和醋消除眼睛水腫

　　牛奶不僅能讓肌膚滑嫩如新生，還具有緊致肌膚的功效。對於晚上熬夜，早晨起床後發現眼皮水腫的人士，便可以用醋和開水再加適量牛奶調勻，將調勻後的牛奶醋在水腫的眼皮上反覆輕按5分鐘，再用浸過熱水的毛巾敷眼，很快就能讓眼皮消腫。如果早上時間不夠，可以簡化以上方法，用兩片浸了凍牛奶的化妝棉，敷在水腫的眼皮上約10分鐘，再以清水洗淨即可。

五、凍牛奶舒緩曬傷

牛奶放在冰箱裡凍過後，基於酵素的作用，除了美膚之外，還有消炎、消腫及舒緩皮膚的功效。因此，夏日外出時間長，肌膚被陽光灼傷出現紅腫時，便可以用凍牛奶來對付曬傷肌。

首先，可以用凍牛奶來洗臉，然後用浸過牛奶的化妝棉或薄毛巾敷在發燙紅腫的曬傷處。但如果身體大面積被曬傷產生灼痛感的話，可以浸一浸牛奶浴或給身體敷牛奶體膜等，進而有效的治癒日曬後損傷的皮膚。

牛奶含有豐富的乳脂、維生素與礦物質，具有天然保濕功效，而且牛奶極易被皮膚吸收，凍牛奶更是可以起到消炎、舒緩肌膚的功效。因此，當你休息在家時，想要擁有一次全新的美膚體驗，讓自己擁有嬰兒般白淨嫩滑的肌膚時，不妨泡一個簡單的牛奶浴，感受一下肌膚被牛奶包覆的美好感受。

要享瘦很簡單，換隻手吃飯就行

　　長期以來，人們就對左撇子有一種偏見，認為他們不如右撇子，而許多左撇子又一直認為自己受到歧視。事實上，左撇子在生活中確實會有一些困難，因為絕大多數用具是為右撇子設計的，生活中的種種設施幾乎都是為右撇子準備的，這往往給左撇子帶來許多不便。可是你們要是知道了用左手吃飯能夠減肥的話，很多人肯定會樂壞了。

　　換一隻手使用餐具，大部分的人都會很不習慣，吃飯也變得不那麼便捷愉快，一旦饑餓感被滿足以後，人往往就不想再吃了。然而，如果用右手或者常用的那隻手，人們通常會在遇到美味時暴飲暴食。

　　日本人對減肥十分熱衷，而且崇尚自然健康的減肥方式。一項日本的最新研究表明，用左手吃飯，能有效減肥。這並不是指必須用左手，只要是用平常不習慣用的那隻手吃飯，就能達到理想的效果。

3. 娛樂減肥法：前衛時尚的瘦身大法

這種減肥方式的原理其實很簡單，就是利用人們使用平常不慣用的那隻手拿餐具時，動作會變得不方便，這樣就會吃得少、吃得慢，一旦饑餓感被滿足之後就會停止再吃了。

但使用這種方式往往會因為不習慣，很快就放棄了，而再度換回原來的那隻手。若又有美食當前，總是難以抗拒，一不小心又會吃得太多了。

對於東方人來說，用左手拿筷子吃飯實在是件不容易的事，何不就利用這個機會改變一下平常用餐的習慣，放慢吃飯的速度，多咀嚼幾次才把食物吞下。當你細嚼慢嚥時，不但可以避免攝食過多而吃進過多的熱量，還能夠減少腸胃負擔，提升代謝，對減肥只有好處沒有壞處。

當然，細細品嘗也才能吃出食物的真滋味、好味道。如果擔心自己沒辦法持續，也可以找個人相互監督執行，彼此約束鼓勵對方，如果努力堅持下去，肯定能達到瘦身的效果。

偶爾換隻手吃飯，也有助於鍛鍊大腦，讓左右腦都能靈活運用。這樣一來對預防老年癡呆也很有幫助。

逛街也可以燃燒熱量

愛美的女性都愛逛街，挑選適合自己的服裝飾品，為自己的美麗更添一份光彩，在逛街過程中，欣賞各類美麗的飾品或製作精良的服裝，總能得到的美的感受。但其實，逛街不但心理上能得到愉悅，逛街也能達到身體上減肥的功效。因為，人們逛街通常都不會少於兩個小時，不停的來回走動是一項很好的有氧運動，可消耗體內多餘熱量。據測試，逛街時步行不少

於7000步，可消耗約0.38千卡的熱量。長期堅持，一年下來消耗的熱量將是一個很大的數目。同時，逛街時，由於注意力都在商店出售的商品上，因此，便不會像其他場合下的食欲那麼高漲，即使不是刻意控制飲食，也不會想要吃太多東西。所以說，減肥是一項心理與身體雙贏的活動，如果逛街時能掌握好方法，就能使減肥的效果更佳明顯。

在百貨公司或大賣場內步行時，應養成良好的走路姿勢，抬頭挺胸，保持背部直立，肩膀下沉並收腹，因為行走中是無法鍛鍊到腹部肌肉的，只有始終保持腹部肌肉的緊縮，才能刺激腹部肌肉，使小腹變得平坦緊致。

在行走的過程中，還要注意步幅步速，步速應該比平日稍快，步幅保持在70公分比較合適，這樣行走可以更好更充分的鍛鍊到腿部肌肉。脂肪的燃燒不能離開水，因此逛街時可以隨身攜帶一瓶礦泉水，但記住千萬不要喝高熱量的碳酸飲料。為了預防饑餓，還可隨身攜帶一些優酪乳、蔬菜棒等健康又有飽腹感的食品。

對於逛街的時間要求，一般不宜超過3個小時，尤其當你在一些比較封閉、空氣不流通的賣場裡的時候，

更不能長時間在裡面停留。逛街後回到家中，應做一些四肢肌肉拉伸運動和對腿部進行按摩，避免雙腿因長時間運動而長出塊狀肌肉。對於因長時間的站立和行走，導致下身水腫的情況，可做一些壓腿動作，用雙手捏小腿肚或大腿的脂肪和肌肉。

一、逛街瘦身的五大法寶

(1)開車來逛街時，把車停在停車場的最裡邊，要是在天氣比較冷的情況下，還可把你的大衣外套脫在車裡，這樣一下車你就會奔向賣場，這樣短距離的奔跑對減肥很有效果。

　　如果乘的是公車或地鐵，可以提前一站下車，然後走路去賣場，也是很好的減肥辦法。

(2)商品選購好去收銀台付錢時，在等待收銀員收錢的時候，可做一些腹部運動，像收緊腹肌，就像有人打了你一下。

　　然後可以左右腿交替離開地面20秒鐘，可以讓你腹肌更加緊致結實。

(3)購物時，不妨好好享受拎著全部的戰利品返回的感覺。在返回時，一邊提著購物袋，一邊不時的彎曲一下手臂，可以鍛鍊手臂肌肉，讓你的手臂

線條更加完美。

(4)逛完街後，要返回停車場時，不妨試試斜著跑向自己的車子，這樣的奔跑方式能更有效的燃燒大腿內側和外側的脂肪，讓你擁有一雙修長緊致的美腿。

(5)提著逛街下來精心挑選的戰利品回到家中，將購買的物品放置妥當後，做20組蹲起。然後，你會感覺一天的生活充滿活力，彷彿置身於健身房中一般。

二、逛街減肥時要注意的5點事項：

(1)逛街時要選對時機，不要一時興起想什麼時候逛就什麼時候逛，應該確保逛街的時間不至於耽誤休息、影響正常進食，也不要在時間緊張的情況下硬擠出時間去逛街，總之，逛街時一定要保持心情輕鬆愉快，才能有效的控制卡路里的攝入。

(2)選擇合適的裝扮有利於逛街減肥。通常平底鞋和寬鬆的衣服會很舒適，但並不利於逛街減肥。

(3)因為逛街一直在走動，因此很多人逛街的時候會抓住每一個機會坐下休息，像試衣服時，就會選擇坐著試衣，但其實在試衣間裡坐著試衣會減少

熱量的消耗，所以，下回可別再坐著試衣了。

(4)在逛街時，不僅飾品服裝店多，賣小吃的地方也多，逛街的朋友便不會擔心食物的問題，總在逛到很餓的時候才吃，但其實餓了才吃飯，對高熱量、高脂肪的美食的抵抗能力會大大降低。

(5)逛街時不要走走坐坐，持續的運動能消耗更多的熱量。逛街時採用正確的走路姿勢，注意逛街時的各種小細節，保持持續性的運動，你便不用再擔心買回來的衣物穿不上，只要掌握正確的逛街方法，你便可以一邊逛街一邊減肥，輕鬆愉快的擁有好身材。那些坐在電腦前上網購物的朋友們，不妨也出門走走，感受一下琳琅滿目的商品的魅力，也給自己一次有氧運動的機會。

時尚活力踏板操瘦身法

踏板操，就是在踏板上進行有節奏的動感音樂舞蹈和健美操的動作節奏（每分鐘120拍左右）。它具有健美操的所有特徵，同時，踏板的動作完成最重要的是，能夠更有效的提高心肺功能和協調性。因為踏板操有針對性的鍛鍊下肢和臀部，具有顯著的熱量消耗減少脂肪，髖關節的腿，改善肌肉的效果。

踏板操作為有氧健美操，在供氧充足的狀態下進行長時間、中低強度的練習。

踏板具的高度加上這種運動強度，完成同樣動作比在平地上耗能要多，會使您的腿部結實起來，肌肉

的線條更修長，有效的解決臀部下垂的問題，加之踏板操動作中的舒展與伸拉，使您的動作更靈活、更輕盈。同時，還能提高人的心肺功能。

踏板操適合所有的人鍛鍊，尤其是長期坐辦公室，腿部缺乏鍛鍊的女性，以及希望自己的腿部變得結實、健康，改變臀部下垂的人。

該項目不適合心臟病患者、腿部有傷者（尤其是膝關節、踝關節、大腿韌帶有傷者）、身體虛弱者（如產後者、病癒者）練習。

踏板操在特製踏板上完成動作，高度可以調節，有助於鍛鍊者根據自身情況合理安排運動量和運動強度，充分滿足了不同鍛鍊者的不同需要。

另外，其跳躍性動作相對較少，能夠避免下肢關節受到過多的衝擊，為鍛鍊者提供了安全的保證。

踏板操運動內容豐富，板的擺放方式不同，運動內容也相應變化，形式多樣，鍛鍊時充滿了趣味，使運動過程不顯枯燥，容易堅持。踏板操前的熱身方法如下：

(1)兩腳開立，深呼吸，給血液提供充足的氧分。

(2)原地踏步，左右移動，向後交叉步，包括兩腳開立，腳趾上下輕拍地面。

踏板操運動有這樣一些需要注意的基本姿勢和鍛鍊要求：

⑴踏板操的基本鍛鍊方式是上板、下板動作，每週至少應做3次基本鍛鍊，以3個月為1個鍛鍊週期。進行踏板操運動前，應當運用簡單的方式先將身體活動起來，特別是大腿、腳踝關節應活動開，並做到充分的伸展；在全部運動結束後也要做放鬆運動，以減輕身體的疲勞感。

⑵練踏板操時，踏板的高度可以根據運動水準、踏板技術、膝關節的彎曲度適當調節。為了增加運動強度，可以適當增加踏板的高度，或者搭配手臂動作並加大幅度，但應以不超過身體的承受能力為限。

⑶為了增加運動的興趣，可以用踏板的板面以及四個角來分別完成板上、板下的連接動作；也可以按需要將板擺成不同位置。另外還可以同時利用2塊成3塊板進行練習。如果同時配合舉啞鈴、健身球運動、爬樓梯等鍛鍊方式，運動效果會更加全面。

⑷腳踩上踏板時要注意平衡，應踏在板中心，以防重心偏移，導致摔倒。腳跟不要抬離踏板，以免

扭傷跟腱。下板時腳尖先著地，隨後腳跟落地，這樣可以使腿關節受到的壓力得以緩衝，減少運動傷害。

(5)練習板上抬腿時，將單腿抬高，然後點地，觸地時間要儘量短；練習板上側踢時，應側展腿部，側踢的腿要儘量伸直；練習板上後屈時上身略前傾，單腿後屈，腳跟儘量往臀部靠攏；練習板上前踢時單腿前踢，腿要儘量伸直。

踏板操鍛鍊雖然簡單易行，安全性也比較高，但練習時仍有一些需要特別注意的地方，以便運動時能取得更好的效果，而且不會損害健康。

運動前1小時停止進食（如有需要，可進食少量易消化的流質食物），以免影響胃腸正常功能，導致胃痛。

當加大運動量之後，容易大量出汗，因此必須注意補充身體所需的水分。運動前半小時，可以喝200～500毫升水。鍛鍊過程中每15分鐘可以少量飲水，鍛鍊結束後不宜立即飲水，應休息片刻再飲水或進食。運動過程中始終保持收腹的姿態，並注意調整呼吸與動作相協調。

身體若感到明顯不適，如劇烈疼痛、眩暈、心律

過快等，應立即停止運動，並適當的休息，直到身體恢復正常後再考慮恢復運動。另外，心臟病患者、腿部有傷者（尤其是膝關節、踝關節、大腿韌帶傷者）、身體虛弱者（如產後者、病癒者）不宜進行踏板操鍛鍊，鍛鍊過程可能發生危險，應特別注意。

水中慢跑，時尚健身新寵兒

聽到「水中慢跑」相信很多人還是一頭霧水，感覺很不可思議，很多人也是首次聽說。那麼「水中慢跑」究竟是一種什麼樣的運動方式呢？在此就為大家介紹一下。

水中慢跑是在美國新興起的一項健身運動，不僅可減肥瘦身，而且有利於傷病後身體的恢復，男女都很適合。所謂水中慢跑，就是選擇水深1.5～2米的地方，在腰間繫一條漂浮帶，以保持身體在水中垂直。運動時要使頭和肩膀露出水面，腳離地，手腳模仿跑步動作的運動方式。水中慢跑的動作非常簡單，還可以自由調節運動強度。需要提醒的是：進行水中慢跑時，應視個人身體情況，循序漸進，慢跑5分鐘後，心跳速度不應超過每分鐘110～130次，並以休息和運動交替進行為宜。具體的動作要領是：

(1)手臂彎曲90度，以肩為軸，前後划動，注意手指

不要露出水面。

(2)膝蓋提到與臀部平行的高度，然後再向下踩。這樣可以確保無論朝哪個方向運動，都會遇到水的阻力，進而使全身肌肉都能夠得到均衡鍛鍊。如果加快手腳的划動速度，就可以加大運動量，消耗更多脂肪。

水中慢跑對身體有很多有益之處：

一、水中慢跑可以健身

根據運動學理論，在水中慢跑能平均分配身體負載，比陸地跑有明顯的優勢。在陸地上，每跑1英里，每隻腳就得撞擊地面1000次左右，腳部、膝部和臀部都受到震盪，容易導致肌肉扭傷或韌帶拉傷；而在水中，下肢的震盪為零，不會受傷。根據醫學理論，人的腹部和腿可透過水的阻力得到很好的鍛鍊，想減肥的女性在水中慢跑，不僅可以除去腹部多餘的脂肪，還可以使雙腿變得修長。

二、水中慢跑有助於運動損傷的康復

水中慢跑有助於解決運動員受傷後不得不停止訓練的窘境。而如果以水中慢跑的方式恢復訓練，既可

以避免再次受傷，同時又可以不必停止鍛鍊。

　　進行水中慢跑的一個場所就是附近的海域，相比在泳池中進行，海中慢跑會讓人心情更舒暢。不過，在海中進行慢跑時應注意以下幾點：

　　⑴一般選在夏季、初秋，這時水溫比較適宜，冬季和春季水溫過低，可能會影響身體健康。

　　⑵每慢跑6分鐘後，應稍事休息，且每次運動的時間不宜過長。

　　⑶要注意穿鞋，以免扎傷或受到水中生物的傷害。

　　女性，尤其是年輕女性，通常是新事物的勇敢嘗試者，水中漫步絕對是一個值得一試的嘗試。

擊劍：紳士運動VS減肥瘦身

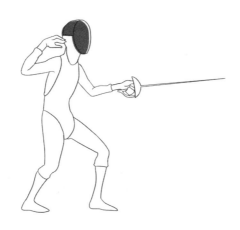

著盔甲，出利劍，嚴防守，活移步，瞄準時機，一劍封「喉」……歐洲中世紀的「紳士運動」——擊劍，正在成為精英人士時尚健身的項目之一。

對於一名現代劍客來說，劍的詩意或許是藏在他們心中的夢想，但在忙碌的現代生活節奏裡，用劍表達一種心境已不再是他們練劍的全部意義。

從劍的對抗中獲得快樂，培養自己勇敢拼搏的精神和優雅的舉止風度，這也許才是現代擊劍者的真正

追求。

　　擊劍是一種高雅的運動，它對劍手素質的提高是全方位的。在參加正式的擊劍訓練和比賽之前，必要的熱身是必不可少的。

　　擊劍交鋒前的準備活動要求充分活動踝關節、膝關節、腕關節、肩關節、頸部、脊椎、大腿肌肉。通常的熱身方式為，轉動各部位關節，正、側面壓腿。熱身活動的時間不得低於15分鐘。

　　在擊劍過程中，千萬要量力而行，以防腳踝、膝部、大腿肌肉等部位扭傷、拉傷。同時，擊劍是鬥智鬥勇的體育活動，請勿玩命的劈刺對手，以避免給對手或自己造成不必要的傷害。點到為止，以輕、巧、靈取勝於敵。

　　在擊劍過程中，心態要平和，要放鬆全身的肌肉，尤其要注意、肩、臂、手腕關節的放鬆。心態的、精神的緊張，肌肉的僵硬，以至於到了無法正常呼吸的地步，將直接導致運劍和步法的靈活性降低，並降低反應速度，且大量消耗體力。此外，注意身體的協調性也是比較重要的。

　　對女士來說，擊劍是瘦腿、瘦腰，塑造完美身材的絕佳運動。擊劍能夠塑造腿部線條，因為擊劍的基

本動作是打開髖關節，這個姿勢使大腿內側肌肉得到了充分鍛鍊。

在擊劍的基本攻防中，需要靈活使用腰腹部，因此可以徹底消滅「水桶腰」和腹部「救生圈」。再加上練習中，要穿著厚厚的三件套式擊劍服，這身衣服比包保鮮膜或穿塑身衣的減肥效果都明顯，一場比賽下來，你就會渾身是汗，消耗的熱量相當可觀。

擊劍本身的養生作用：

(1)擊劍運動能夠提高身體素質，對參與者的身、心都大有好處。

(2)擊劍運動能提高人的爆發力、敏捷性和耐力，使參與者的身體更敏捷、靈活、強健，尤其是能增強心肺功能，培養協調能力和手腳配合能力，增強身體素質。

(3)擊劍同時可以培養勇敢、頑強、自信的心理品質。擊劍不僅是力量與意志的對抗，也是智慧的較量，對智力開發也大有好處。

(4)擊劍還可以增加身體的柔韌性、反應的敏捷性，讓你獲得一步一步擊敗對手的成就感。在一劍刺中對手的剎那間，你會感到平時積聚的壓力都被

釋放出來了。因此，擊劍還是減壓良方。

進行擊劍前一定要做的拉伸熱身：

(1)腕部運動：先將右臂伸直上舉，手腕放鬆，五指呈自然狀態，朝右外側帶動手腕。注意不要用力，輕輕搖、轉，環旋30～50次；再換左手，環旋相同次數；左手握緊右手腕下部，借左手之力，快速搖動右手腕30～50次；再換右手握緊左手腕下部，同樣搖動30～50次。

(2)拉伸大腿前側：採取站立，彎曲一側膝蓋，手握住腳背，把腳貼近臀部。挺直腰部，臍部下方要用力。集中意識伸展大腿的前側，保持20～30秒。左右做同樣動作。

(3)拉伸膝蓋和小腿肚：雙腿前後張開，呈弓步。前腿膝蓋彎曲，使後腿的小腿肚和膝蓋背面伸展，保持20～30秒。相反方向做同樣動作。

(4)抬升大腿：站在離牆壁約20公分處的地方。雙手撐在牆面上，彎曲一側膝蓋並將腿抬起至大約臍部的高度，然後落下。有意識的在臍部以下用力。左右做同樣動作。

(5)拉伸背部和髖關節：雙手交叉放在腦後，以背部

充分伸展的姿勢站立，保持腰部不反弓，也不前曲，身體在髖關節處前傾，然後還原。

　　除此之外，透過跳繩，刺激腿部肌肉，以免做步伐的時候拉傷；原地壓韌帶，可以讓弓步出得更大。

又美麗又happy的舞蹈

　　對於20世紀70年代和80年代的人來說，休閒的方式多種多樣，夜生活更是多姿多彩，舞廳無疑就是其中一個重要的休閒場所，跳舞便因其放鬆身心，又能美體的緣故而深受大家青睞。

　　跳舞是一種主動的全身運動，有較大的運動量，迪斯可舞更是如此，故有益於美體塑身。迪斯可舞的

特點是胯部扭動大，臀部肌肉不斷收縮，能有效的減少臀部和大腿的脂肪。據測試，迪斯可舞的運動量相當於每小時長跑8～9千米，每分鐘游泳45～50米，每小時以20～25千米的速度騎自行車的運動量，這樣的運動量具有明顯的瘦身作用，且身心愉快，容易堅持。

若打算以跳迪斯可舞瘦身，每週應跳3次，每次連續跳25分鐘，跳舞者心率每分鐘應達110～130次。小艾是一名大三女生，她本來的體型完全適中，所以從未想過去減肥。但一次失戀的打擊後，她每晚在宿舍裡狂舞，並且和整個宿舍的女孩一起跳。在這樣一番「群魔亂舞」後，半月之後她居然瘦了35斤！這使得她看起來更添了一份「骨感」，越發的楚楚動人。此後，總有同學問她是怎麼瘦下來的，並打趣的說：「別人都說戀愛中的女人最美，依我看失戀中的女人更美！」

舞蹈帶給我們的除了釋放壓力外，更多更實惠的益處莫過於塑造模特兒般的魔鬼身材！

34C酥胸、24寸纖腰、修長白嫩的雙腿，志玲姐姐現在的美麗，連港星黃秋生、吳鎮宇都稱讚她為美女中的「極品」。

但要知道，30歲前的林志玲，身材沒這麼好：手

臂、大腿外側有多餘肌肉，胸部不及現在豐滿，連臉蛋也不引人注意。要不是首次起用藝人擔任美容瘦身代言的「伯樂」發現她長相很有親和力，志玲姐姐可沒有今天。

選擇正確的飲食（月瘦5磅、飲食瘦身7法）再搭配按摩（美眉的豐胸按摩三步驟），雙重塑身療法讓林志玲一下子從「灰姑娘」變成了「公主」——氣質和性感都翻了一番。

而且據這位最愛發嗲的美女介紹，她特別愛吃甜食，且來者不拒。吃甜食，不管吃多少依然纖瘦？這聽起來真令不少美眉扼腕。可林志玲背後鮮為人知的運動量，不知是不是每個美眉聽了一樣可以扼腕呢？從小學習舞蹈的她，節奏感跟平衡感很好，就算平常不出去運動，也會在家裡踩登山機，她說：「在家裡做簡單運動，很舒服，又有哥哥陪感覺更棒。」

為了讓身體整體線條更美，林志玲還試著練抬腿：「別看這動作好像很簡單，持之以恆還真不容易，剛開始練的幾天腿好痠，抬都抬不起呢！」

林志玲從小最擅長的運動就是舞蹈，因為練舞讓她懂得如何讓自己擁有最優美的曲線。身為第一名模，保持最佳身材很重要，但她從不刻意禁食，「畢竟靠

健康的飲食控制和運動來維持身材，才是最科學的嘛！」林志玲笑眯眯的用她很嗲的招牌聲音說，「時下流行的健身房，我以前也經常去，但現在一來好忙沒時間，二來健身房人太多，我一去大家都在看，我就會不自在，所以現在都不去，改在家裡運動，不過運動真的很重要。」

想要像志玲姐姐一樣有曼妙身材的美眉們，別光顧著羨慕她有口福，還要多學她沒事多跳跳舞吧！

舞蹈屬於不太劇烈的運動，但卻能確保有充足的氧氣（運動時間控制在30～60分鐘即可）。氧氣隨著血液流向身體各處，產生生命活動最基本的能量，同時增強肺活量，加強心臟的儲備能力。氧氣還能加快體內脂肪的代謝，達到減脂的作用。

而且跳舞很簡單，不需要非得模仿倫巴、牛仔舞那種高難度的動作，只要舉起手來，跟著音樂搖擺，就能讓人健康愉悅。即使想嘗試某些複雜的動作，也不要苛求自己100％姿勢到位，只需要全心投入其中，音樂的氛圍、舞蹈的情緒就可以讓人「脫胎換骨」。在動作過程中要始終有意識的收腹，這樣可以鍛鍊腹橫肌；搖擺的幅度越大越刺激腹肌，增加腰背力量；搖擺的方向變換越多，腰腹越能得到均衡的鍛鍊。

(1)將心率控制在最大心率（用220減去你的年齡）的60%～75%。

(2)有高血壓、心臟病的人一定要控制好跟隨音樂搖擺的節奏，防止意外發生。

(3)運動時別忘補充適量的水分。

　　在所有的瘦身運動中，舞蹈以其獨特的魅力一直擁有眾多的「粉絲」。這不僅因為舞蹈能帶給人輕鬆、愉悅的體驗，更以其曼妙的姿勢獨步「舞林」。

　　各位愛漂亮的美眉們，何不利用和親友相聚的機會讓自己舞動起來？

拉丁瘦腰法，瘦到你尖叫

熱情奔放的拉丁舞不僅成為時尚達人的減肥必修課，拉丁瘦腰似乎正逐漸成為一種新式的瘦腰運動。平均每跳一曲拉丁舞，腰部的扭轉達160～180次，拉丁舞在很大程度上必須拉伸腰部肌肉，減脂效果可想而知。簡單教你9個收腹動作，一起來練習吧！

(1)雙手儘量拉伸上半身線條，雙腿站立，收緊腿部肌肉和臀部。放鬆雙肩，收腹。把意念點放在腋下附近，雙手儘量向上伸直，在頭上方會合。

(2)靠胯部的力量扭動，注意擺動的幅度不要過大。雙手從左右落下與肩平，左手經過右手垂直。臀部後翹，右腿前移一個肩寬，胯部自然向外橫擺。

(3)腹部的肌肉能獲得鍛鍊，注意力集中於胯部。雙腿交替換位，胯部自然擺動，保持身體和背部挺直，手臂與肩平自然下沉，手指呈現蘭花指形狀向上翻轉。

(4)保持美感也很重要,保持舞蹈的連貫性很必要,左手儘量靠近身體貼合,右手向上伸直,身體盡可能向上伸展,左腿向前移出一個肩位。

(5)手臂按照蛇行扭動,橫向搖擺能對腸胃起作用,分腿站立,略微屈膝,背部中下部肌肉和腹部前方肌內用力將腹部向上側擺動。

(6)保持脊柱的挺直,身體的協調性需靠練習來達到,微擴胸,收腹提胯,左腿發力,向後繃直膝關節,收腹翹臀,將身體重心前推,右腳落在左腳正前方,支撐身體。

(7)重心要落在臀部,兩腿微微彎曲,收腹提臀,右腿呈90度角抬起,雙手握拳置於身側,重心落在後面。

(8)利用腰部來移動,身體重心右移,脊柱挺直雙手與肩平向前伸出,停留10秒左右恢復。

(9)注意呼吸用腹部吸氣,手臂斜向上伸出,收腹吸氣,儘量拉伸上半身的線條,右腿抬起向前移動一步。

跳芭蕾，讓脂肪優雅的燃燒

芭蕾起源於義大利，興盛於法國，所以「芭蕾」一詞本是法語「ballet」的英譯，而它的詞源則是義大利語「balletto」，意為「跳」或「跳舞」。

芭蕾具有很強的塑造個人氣質和形體的效果，「哪怕在靜止時也在消耗著脂肪，減肥效果非常好。」練芭蕾的女人也許不一定美麗，但卻擋不住一種優雅、一種沉靜、一種由內而外的魅力。

走下聖殿的芭蕾舞，在使人形體優美的同時，還帶出內在高雅的氣質，使「醜人」也可以體會到「天鵝」舞動的靈巧與優雅。

有一天，那些體態已經不那麼輕盈的，已過不惑之年的中年人們，為了重新擁有年輕時代的修長和美麗，她們選擇芭蕾，除了感覺到時間的倒流，還能回到夢中「紅色娘子軍」的輕鬆和飄逸的歲月。

而正當青春年少的都市白領們不再坐視自己太過

單薄的身材，也加入到芭蕾舞中練出健康和豐滿，於是，大街小巷流淌出這樣一種聲音：我們去跳芭蕾吧！

一、下腰

左手扶牆固定身體，右臂向前打開，上舉過頭，然後向後彎腰，儘量將雙肩放平，後背部收緊。

纖體部位：背部肌肉，可起到伸展、開肩、挺胸、闊背的作用。建議有攏胸不良習慣者多多練習。

二、壓腿

右手扶把杆，右腿放在把杆上，膝蓋繃直，後背挺直向右壓。注意身體一定要放正。

纖體部位：腿部，可伸拉韌帶使腿形更加修長。

三、下蹲

右手扶把杆，左手向身體斜下方伸展，雙腳腳跟併攏，腳尖打開呈一字線。然後下蹲，雙膝向腳尖方向打開，臀部向前頂。

纖體部位：大腿，可伸拉此部位內側肌肉。

四、站姿

站立，右腳向前伸出，腳尖點地，右手向身體右側打開，左手向體前伸出，呈半圓形。注意收腹、挺胸，眼睛看斜下方。

纖體部位：腿部與背部，可使修長的腿形、挺拔的背部展現出來。

五、吸腿

坐地，雙腿伸直，左腿彎曲，左腳緊貼右腿小腿肚。後背挺直，向左後方擰腰。

纖體部位：腰部，可消除此部位贅肉，有助於保持正確的上身體態，進而鍛鍊出漂亮身姿。

跳芭蕾減肥，還要注意一點，就是配合飲食瘦得更快：

(1)儘量吃新鮮自然不加工的食物，減少過多鹽分的攝取，避免腋窩滯留多餘水分，以防手臂內側或腋下後方有水腫贅肉的產生。

(2)避免飲用大量冰涼飲品。這是保養上一個很重要的環節，吃太多冰冷的食物會影響腹部循環代謝，抑制了腹部脂肪的消耗。

(3)保持大便的通暢,每天按時如廁,為此,可以選
用像香蕉、地瓜、芝麻、粗糧這樣的食物。

此外,練習芭蕾舞在服裝上也有些要求。

一、服裝

對舞蹈者來說,舞衣絕不僅僅是為了漂亮,它們
當中每一件都有其切實的作用,最基本的要求,是要
具有保護作用。

緊身衣和緊身褲襪是舞蹈者最常用的基本練習服,
棉和萊卡的結合會同時保有穿著的舒適和足夠的彈力。
而蓬鬆的紗裙和華麗的絲緞則更多是出現在舞臺上。

二、髮型

髮型也是舞蹈服飾的一部分。許多跳芭蕾的女生
們愛把他們半長的頭髮在腦後挽成一個髻,這樣脖子
和頭部的線條就顯得更清晰,既美麗又有助於老師糾
正動作。

三、鞋

鞋是最重要的。在練足尖前,用柔軟的薄皮革或
帆布製成的芭蕾軟鞋是跳芭蕾所必備的。

腳尖舞鞋用以支撐女演員長久的站立和腳尖行走、跑和跳。腳尖舞鞋是在普通舞鞋的鞋尖部分增墊棉花、松香或輕質水楦，並在鞋尖上用線縫衲多次而成。

　　一般有粉色、紅色和黑色可供挑選，鞋子須以較緊的包住腳為宜。趾套，則是在練足尖時用。

踢毽子：鍛鍊你的雙腿

　　踢毽子，是一項時尚的群眾性體育活動。踢毽子，妙在隨意。面對不同角度飛旋而至的毽子，高手可隨心所欲的施以踢、挑、勾、鑽、磕乃至頭頂之能事。倒踢紫金冠、鴛鴦腿、凌空飛射等武術、舞蹈、體操、足球中的動作技巧在此間均可出神入化、天衣無縫的融合於一體，把一個小小的毽子演繹得精彩紛呈，同時也能起到瘦身的功效。

踢毽者需要做到反應快、時間准、動作靈敏、協調。因此，踢毽子有利於提高人們的反應、靈敏和動作協調的能力。

踢毽子運動主要鍛鍊部位是下肢、腰部，透過鍛鍊，不僅可使下肢肌肉、韌帶富有彈性，關節靈活，而且還能提高人的律動節奏感、全身協調性。此外還能大幅度的刺激大腦中樞神經的活動，尤其是腳部的控制能力及肺活量的提升，能使人感覺身心舒暢，活力十足。

鍛鍊者可視自己的體能來確定運動量，鍛鍊時消耗體力不大，但鍛鍊效果卻與進行慢跑、游泳、騎自行車等相當。老年人和慢性病患者也可以參加踢毽子運動。

經常適度踢毽子，對舒筋活血、益壽保健，有一定的功效。

> **踢毽子前要做的拉伸運動：**

(1)放鬆，屈膝，雙腳合十。拉伸腹股溝，保持該姿勢30秒鐘，讓重力產生拉伸作用。為了舒適起見，頭部可以枕一個小枕頭。

(2)朝順時針和逆時針方向全面轉動腳踝，在轉動過

程中，手稍稍提供阻力。這樣的轉動有助於輕柔的靈活腳踝韌帶的不適。每個方向重複10～20次。兩隻腳的腳踝都做這個動作。

進行踢毽子運動要注意的基本姿勢和鍛鍊要求：

(1)宜先進行柔韌性練習。身體的柔韌性能夠幫助學習者完成大幅度動作，還可防止運動損傷。在練習之前要做一般性準備活動，使身體發熱；動作幅度由小到大，速度由慢到快，注意身體疲勞時不宜做柔韌練習，以免受傷。

(2)練習者可以採用左右開位站姿，方便自己能從靜止狀態快速轉向左右移動的狀態；也可以採用前後開位站姿，使自己能從靜止狀態快速轉向前後移動狀態。準備姿勢要注意後腳跟離地，身體重心要向前移，隨時保持靜中帶動的狀態。

(3)踢毽子的步法移動有前上步、後撤步、滑步、交叉步、併步、跨步、轉體上步、跑動步等。只有熟悉各種步法的移動運用，動作才能更具主動性和靈活性。

(4)腳內側踢毽子時膝關節向外張，大腿向外轉動，稍有上擺，不要過大，髖和膝關節放鬆，小腿向

上擺，踢毽時踝關節發力，腳放平，用內足弓部
位踢毽子。腳外側踢球要稍側身，向體側甩踢小
腿，勾腳尖，用腳外側踢毽子。用腳背踢毽子，
一般用正腳背，要注意繃腳尖和抖動內腳踝發力
擊毽子。動作要求不但要快，還要求有一定的准度。

(5)發力時意識集中，臀部肌肉首先收縮，再帶動大
腿和小腿。為了便於掌握，可採用分組練習的方
式。腳內側發毽子的時候要抬大腿帶小腿，用內
足弓部位向前上方推踢；腳正背發球時要注意繃
腳尖，用正腳背向前上方發力挑踢；腳外側發毽
子時要注意稍側身站位，繃腳尖，用腳外側發力
掃踢。

(6)基礎訓練熟練後，可以做一些技術訓練。練習時
可以先進行原地練習，而後再在移動中練習，並
從單人自己練習過渡到多人的配合練習，隨著熟
練程度的提高，練習者可以逐漸在起毽子的速度、
弧度和落點上加大變化和難度。

(7)觸毽子可以分為大腿觸踢毽子，腹部觸踢毽子，
胸部觸踢毽子，頭部觸踢毽子。都要注意將腿部、
胸部或頭部稍微向前去主動迎接毽子，並控制毽
子落在自己的前方，然後用腳將毽子踢出。

踢毽子雖然可以讓身體更健康，但是如果不加注意，則反而會讓身體產生不適，甚至造成運動傷害。踢毽子運動對身體關節的靈活性要求較高，運動前務必需要伸拉關節、活動筋骨、做一些熱身運動，目的是減少肌肉、韌帶拉傷的機率。

踢毽子彈跳的機會較多，如果在飽餐後運動，易造成腸胃的不舒服，因此飯後最好休息1小時左右，再踢毽子。為了防止腿部僵硬或抽筋的現象，不可過度練習，同一動作也不要練習太久。

練習時踝關節要用力站穩，避免因動作幅度過大損傷踝關節。鍛鍊時應選擇地面平坦的場地，以免腳踝及膝蓋扭傷。

保齡球，幫助你燃燒更多脂肪

　　想運動減肥，但不又想在戶外運動？打保齡球吧！保齡球可以很多人一起參與，比賽起來十分有意思。並且，這項室內運動能幫助你燃燒更多熱量！保齡球的投球動作，是利用球本身的重量加以運轉，而達到適度的全身運動。所以在彌補平日運動不足上，具有非常大的效果。據估計，打三局保齡球所消耗的熱量，大約是500卡路里。

　　打保齡球前做一些拉伸熱身運動能更好的幫助脂肪的燃燒：

(1)雙膝旋轉。雙膝併攏，微彎曲，手扶膝蓋，原地旋轉膝蓋。這個動作可柔軟膝部筋骨，幫助助走。

(2)扭腰。雙手向前伸，雙腳微張，雙手帶動上半身，盡可能地向左右兩邊扭轉，腰部不可動。這個動作可增加腰、腹部的力量。

(3)手臂大旋轉。左手叉腰，以右肩為圓心，向前旋

轉右臂,再向後旋轉。然後,相反方向做同樣動作。

(4)弓箭步。右手屈膝使大腿與小腿呈90度,左腿向後伸直,腳掌不可離地。然後,相反方向做同樣的動作。這個動作能鬆弛腿部筋骨,增加膝蓋的靈活性。

(5)反彈手指。右手伸直,手心朝外,左手將每根右手手指往後扳。然後,相反方向做同樣的動作。這個動作能增加手指的彈性與力道。

(6)拉腳筋。蹲下,左膝彎曲,腳掌貼地,右腿往外伸直。然後,相反方向做同樣的動作。這個動作能放鬆腿部筋骨,增加彈力。

打保齡球的注意事項:保齡球是一項人人皆宜的球類項目,它趣味性極強,從事這項運動時,應注意以下幾點:

(1)要注意循序漸進,第一次玩時,很可能摸不著門路,不要著急,一次次練習,技術就會逐漸提高。

(2)打球時,要注意協調性,啟動時,可走3～6步,每個人可根據自己的習慣協調步伐,擲球時,手臂要順勢把球擲出。

(3)要選擇合適重量的球,初學者要從較輕的球開始

練，等力量增強後，再慢慢增加球的重量。

打羽毛球，打造好身材

長期練習羽毛球的人都會有這種感受：透過經常觀察對手揮拍情況和高速飛行中的球，有經驗的運動員能像武林高手一樣，在對手擊球的一瞬間便看清楚球拍翻轉變化的微小動作。

其實，讓人練得「眼明手快」的原因很簡單：因為運動中的羽毛球速度很快（據統計，一名優秀運動員的擊球速度能達到每小時350公里），這就需要對方球員的眼睛緊緊追尋高速飛行的球體，眼部睫狀肌不斷收縮和放鬆，大大促進了眼球組織的血液供應，進而改善了睫狀肌功能，長期鍛鍊就能提高人的視覺靈敏度和眼睛的反應能力。

對於一般愛好者，尤其是中老年人和過度使用眼睛的人來說，如果能持續練習，視覺敏感度將會明顯提高。

另外，運動中鍛鍊者需要運用手腕和手臂的力量握拍和揮拍，還要充分活動踝關節、膝關節、胯關節等部位，做出滑步、踮步和弓箭步等各種步態，所以對於全身肌肉和關節的鍛鍊也是很充分的。

在撿球、接球的過程中，不斷彎腰、抬頭等動作，

使腰部、腹部的肌肉也能得到充分鍛鍊。

　　美國大學運動醫學會（ACSM）提出，要達到全身減肥的目的，每天應該做30分鐘以上，每分鐘心率為120～160次的中低強度有氧代謝運動。對於一般羽毛球愛好者來說，這剛好相當於一場低強度單打比賽的運動量。

打羽毛，打造好身材

一、羽毛球運動可增加能量（能量食品）消耗

羽毛球運動的總能耗與持續時間有重要關係。人體在運動中消耗的能量，可為靜坐的幾倍到幾十倍。有研究表明，長期規律的運動，可提高安靜狀態下的基礎代謝率。所以，在你選擇了打羽毛球後，就要堅持隔日進行一小時以上的鍛鍊。

二、羽毛球運動可促進脂肪分解，減少其合成

脂肪是主要氧化供能物質，因此長時間在有氧情況下進行羽毛球運動，消耗脂肪自然不在話下。另外，運動還會使胰島素分泌減少，進而抑制體內脂肪的合成。因為最低體脂量應與良好的健康（健康食品）相協調，所以在進行羽毛球運動時，球友們一定要注意對自己運動強度和時間的控制。

三、羽毛球運動可以減少體脂，改善身體成分組成

　　長期進行羽毛球項目的鍛鍊，尤其是中小強度的運動量，可使人的瘦體重（瘦體重=體重-脂肪重量）增加，優秀運動員的體脂低於常人即可證明這一點。

　　在進行羽毛球運動之前，最好先做幾分鐘的拉伸熱身活動：

一、拉伸練習總則：

(1)拉伸練習的順序始終是：放鬆→拉長→用力→拉長。

(2)拉長必須做到可能的最大幅度，但絕對不要產生疼痛。

(3)拉長或者伸展的姿勢必須保持大約20秒鐘的時間。

(4)第一個10秒鐘，慢慢拉長；第二個10秒鐘，在原有幅度上再稍稍拉長。

二、拉伸大腿前面肌群：

　　面對牆壁站立，左手扶牆，右腿彎曲，右腳跟碰到臀部，右手扳住右腳尖，用力向後扳，以拉伸右大腿肌肉。然後換左腿練習。

三、拉伸小腿肌群和跟腱：

面對牆壁站立，雙手扶牆，左腿彎曲，右腿用力向後蹬伸，右腳跟不離地，右腿保持伸直狀態，膝蓋不能彎曲，用力後蹬，體會小腿的緊張和跟腱的拉伸。然後換腿練習。

四、拉伸背部肌群：

平躺在地面，雙腿蜷曲到胸前，雙手抱腿使身體蜷縮成一團，頭抬起，下頜貼緊膝蓋，用力蜷縮身體以拉伸背部肌肉。

五、拉伸肩帶和上臂肌群：

這個動作可以只做一邊，即擊球手一側。以右手擊球為例，右肘抬起到最高點，右手背到背後到極限點，左手扳住右肘以並緩慢用力扳動，到極限後保持10～20秒鐘。這個動作非常重要，在打球前做幾次，可以活動開肩膀和上臂，確保打球時不易受傷。長期堅持，可以增加揮拍的幅度和頻率。

六、拉伸大腿後面肌群：

兩腿分開到最大限度，兩腿伸直，膝蓋不能彎曲，上體貼向左腿，右腿保持原位不動，腳跟不能離地，體會大腿後部肌肉拉伸的感覺。換腿練習。

七、拉伸大腿內側肌群：

兩腿分開到最大限度，兩手放在兩腿上，緩慢用力下壓，體會大腿內側肌肉緊張的感覺。

八、拉伸軀幹側面肌群：

兩腳開立約與肩同寬，雙手向上伸直，上半身向一側彎曲，保持上半身與雙腿在一個平面上，用力彎曲，體會肋部肌肉拉伸的感覺。換一側繼續拉伸。

九、拉長肩帶和胸部肌群：

以右手擊球為例，身體右側朝牆，側對牆壁站立，右手扶牆，右臂伸直並與身體處於同一平面上，右手用力推牆並保持右臂伸直，體會肩帶下側和胸部肌肉被拉伸的感覺。

伸展優美身姿，常打網球

大家對於網球並不陌生。與跳繩等運動項目相比，網球算是一項運動量較大的運動，其健身的作用自然不言而喻。但是，網球的運動強度通常會超出一般人的承受能力，尤其是對於女性而言，更是如此。

其實，網球也可以作為一項較為舒緩的室外運動，有伸展優美身姿的作用。

網球的場地一般有草地、硬地、人造草地、軟性

場地、合成塑膠場、網球地毯等。網球的器材主要就是球拍和球。

球拍根據其材料的性質可分為高強度球拍和相對來說的軟質球拍。球拍上主要的構造就是拍弦、減震器、吸汗帶，拍弦的材料、質地基本上有昂貴的羊腸弦、尼龍弦及合成纖維弦；減震器的安裝要視個人手感的喜好而定，橫豎弦交錯的地方是不可以安裝減振器的；吸汗帶可以防止因手汗過多而造成的握拍打滑現象，也可以在拍柄較細的情況下起到增粗拍柄的作用。

網球，初學者最好選擇軟一些，彈性弱一些或專門用於練習的稍大於標準的球，水準提高到一定程度後用標準球練習為佳。

此外還有與運動相關的網球鞋、襪，網球鞋要能耐得住摩擦，轉彎等動作造成的傷害；網球襪只要吸汗、舒適就可以。

網球比賽中的單位由小到大依次是分、局、盤。一般來講，先勝六局者為勝一盤。如果局數是五比五平，一方必須連勝兩局才能結束這一盤；如果局數六比六時，再打一局決勝負，在這一局中，先贏得七分者為勝。相比較而言，長盤制就要求一方必須贏對方

兩局才算贏得該盤比賽勝利。

　　網球運動可以活躍思維，提高反應能力。一個頭腦靈活的球手會針對不同對手，甚至同一對手在不同階段所表現出的技術特點，調整策略、克敵制勝，運動強度大進而鍛鍊肌耐力。

　　女性朋友也可以進行網球運動，以一種較為平緩的方式進行即可。不必強調誰輸誰贏，主要目的就是健身。這樣才能在一種舒緩的狀態下達到既不傷害身體，又能鍛鍊出優美身姿的目標。

擲飛鏢，輕輕鬆鬆瘦胳膊

　　飛鏢運動起源於英國，距今已有150年的歷史，在歐美及澳洲廣為流行。飛鏢運動不需要專門的場地、設施，趣味性強，男女老少人人都可以參與，時間可長可短。既可用於比賽，又可作為工作、學習之餘的消遣。

　　擲飛鏢時身體必需放鬆、挺胸抬頭收腹，主要靠腕、肘、關節的運動完成擊發動作，對於瘦手臂是一種良好的鍛鍊。特別是久坐不動的人群，鍛鍊效果更為顯著。擲飛鏢時需要全神貫注盯著鏢盤，有助於提高視覺肌的強度，還有緩解眼部疲勞、保護視力的功效，並且還可提高大腦的平衡和協調能力，活躍腦細胞，減緩大腦退化。

　　在強調技術細節的飛鏢運動中，練習者會慢慢學會排除外界干擾和壓力，將飛鏢運動視為一個挑戰自我、戰勝自我的過程，因此，心理耐受力和抗干擾能

力都會增強。

擲飛鏢前後的拉伸熱身方法也是減肥的小絕招：

(1)站立，膝蓋微微彎曲，右手肘彎曲，手臂置於腦後，同時用左手握住右手肘。此時，向後移動頭部，頭後部靠著右臂，直到產生輕微的拉伸感。這個動作可以拉伸腋窩部位和肩膀。保持這個姿勢10～15秒鐘。相反方向做同樣動作。

(2)左手置於腦後，盡力向下伸展。如果可以的話，抓住伸上來的右手（右手手心朝外）。如果你的兩手無法握在一起，試著做一做下面的這些動作。

(3)將十指交叉置於身後，將背後的兩隻手臂向上舉，直到手臂、肩膀或者胸部產生拉伸感。保持輕鬆拉伸5～10秒鐘。當你發現自己雙肩下垂、無精打采時，做這個動作是十分有用的。練習時，保持胸部外挺，下頜內收。

擲飛鏢要注意的一些基本姿勢和鍛鍊要求：

(1)投擲飛鏢要做到手腦合一。全部動作要用力均勻、自然、連貫、流暢、完整、到位，一氣呵成、不能在中間加力或停頓。掌握恰當的出鏢時機，不宜過早或過晚。要特別留意手部、手腕和手臂的感覺，每次感覺盡可能相同，才能固定投擲姿勢、

　　穩定技術動作、提高三鏢投擲的一致性和命中率。

(2)握鏢時把飛鏢放在掌沿上，找出它的重心。再把拇指放到重心後面一點點，最後用其餘手指抓住它。需要注意的是握鏢時一定要使鏢尖略朝上，手指肌肉不要過於緊張。在釋放飛鏢時手指的協調動作，是握鏢的關鍵點。練習時必須維持在釋放的最後一刻不會有手指觸到飛鏢，否則會影響它的飛行方向。

(3)擲鏢時的基本姿勢可分為三種。一種是腳尖向前，要求身體直立，雙腳靠攏，腳尖與投擲線成直角；另一種腳尖平行或成直角，這是最普通的姿勢，兩腳腳尖面向投擲線；第三種是一腳在前，這種方法最適合初學者，站立時右腳在前，以自己站的舒適為最終原則。擲鏢時上臂不動，以肘關節為發力點，在投鏢瞬間手部動作保持平直，出鏢後自然下垂。

(4)初學者連續投擲飛鏢時要注意控制節奏。動作過疾、過緩、長時間的停頓（如長時間瞄準）或身體姿勢變化，都會影響投擲感覺的掌握，使三鏢的動作不一致、落點發生較大變化。

(5)為了增加練習的興趣，可以採用比賽的形式練習

擲飛鏢，並遵循一定的計分規則。

相比其他運動，擲飛鏢危險性並不大，但如果沒有足夠的安全意識，也可能發生意外。飛鏢的鏢尖非常尖銳，拿取時要注意安全，以免割傷、劃傷。如果飛鏢落在地上，應先拿走飛鏢盤上的鏢，再去撿拾地上的鏢，以免拾鏢時，盤上的飛鏢落下造成危險。有時飛鏢正打在鋼絲上，會彈回很遠，在其落地前要小心閃避，絕不能用手去接不能把飛鏢盤掛在門背後、通道或其他有人經過的地方。如果一定要掛在門後，玩飛鏢之前一定要反鎖好門鎖，以免誤傷他人。

不要用過輕的飛鏢練習，否則投擲時需要用較大的力氣，容易造成肌肉拉傷。另外，飛鏢運動消耗體力不大，但訓練不能過度，否則也會對身體造成損害。每次練習擲飛鏢，應以半小時到1小時為宜。

壁球，女性健身的時尚新寵

　　壁球、網球和高爾夫球號稱是世界三大紳士運動。其實，這三項運動不僅是紳士運動，也是「淑女運動」。女性也很適合以這三項運動來進行健身。其實壁球就是非常適合女性的紳士運動。

　　壁球是一項具有百年歷史的運動，它高雅、娛樂性強，在歐洲及東南亞地區相當普及。壁球起源於19世紀初的英國監獄，是囚犯打發時間的方式促使其產

生的。當時，在押的囚犯非常無聊，沒有娛樂活動，
便三五成群面對牆壁，揮拍取樂。

這一行為被一位英國貴族偶然發現了，覺得它趣
味無窮，就在英國上流社會大力推廣，並經過改進後
使其成為一項優雅的「紳士運動」。經過多年的發展，
目前全世界壁球愛好者已達5000萬人之多。

壁球主要運用的器具也是球拍和壁球。壁球拍與
網球拍形狀差不多，只是比網球拍稍小、稍輕，材料
同樣有鋁合金或更高級的碳素杆。

壁球則是由黑色橡膠製成，比乒乓球還要小一些，
直徑40公分，分為慢速球、中速球及快速球，分別用
黃色、紅色和藍色的小點表示。

壁球的打法對技巧的要求很高，可以說是一項耗
智力的運動。壁球主要有兩種打法：一是在同一個場
地上進行對打；二是對著牆壁，利用牆的反彈自己接
自己打出的球。

它不同於其他球類運動，多數用拍子擊打的球類
運動都是在中間用網隔開的場地上進行的，而壁球運
動則沒有中間的網。

由於打出去的球碰到前牆或側牆後方向會產生多
種變化，這時打球的人就必須在較短的時間裡，利用

快速的反應及靈敏的身手，把球接起來。這對於身材較小、反應靈活的亞洲人來說是比較適合的。

壁球的球拍和球相對來說都是比較輕巧的，比較適合女性使用。再者，一個人也可以打壁球，可以在室內進行，這些都為女性朋友選擇壁球作為健身方式產生了無法抗拒的誘惑。

划船，拉伸性感的背部線條

　　划船運動最主要的作用是鍛鍊背部伸肌，不但能夠增加肌肉的力量和耐力，而且還可有效的改善肌肉和背部筋膜組織的生理活性。同時能讓脊背在體前屈和體後伸當中有更大的活動範圍，使脊柱的各個關節得到鍛鍊。

　　在划船運動中，參與肌肉多、耗氧量加大，因而呼吸和血液循環加快，進而對提高人體生理功能有很大的益處，從中醫角度看，划船運動還可直接刺激心、肺、肝、膽、胃、脾、腎等穴位，對傷病的恢復、治癒都有十分積極的作用。

　　划船器是為了鍛鍊人體各部位的肌肉而設計的，使用划船器能夠起到全身性的鍛鍊效果。

　　在將腿不斷伸直和彎曲的過程中，可以幫助減掉腹部的贅肉；在用手臂不斷推拉把手的過程中，還可以減掉臀部多餘的脂肪。因此透過划船運動能起到較

好的減肥效果。

> 划船的具體瘦身方法如下：

(1)面朝下，將兩腿彎曲，兩隻手向前伸展，接著，
兩臂筆直向後拉，同時手掌輕輕下壓。

(2)仰臥躺好，十指交叉後放在腦後，大約與兩耳齊
平。緩慢抬高頸部，直到頸後有輕微的拉伸感。
保持這個動作3～5秒鐘。然後，緩慢恢復到初始
狀態。

(3)十指交叉後抱於腦後，肩胛部盡力向中間擠壓，
使上背部肌肉略微感到緊張。（做此動作時，胸
部也要朝上運動。）將這個姿勢保持4～5秒，接
著慢慢放鬆，再輕輕的將頭部向前上方拉伸。

(4)仰臥躺好，將左腿向胸部方向盡力拉伸，並伸直
另一條腿。
儘量讓頭後部一直貼在地面，但注意適當的力度，
不要過於用力。將這個姿勢保持30秒鐘。兩側都
重複做相同的動作。

(5)用左腿壓右腿，右腿沿著豎直方向拉動，以收縮
髖部肌肉。持續收縮5秒鐘，然後自然放鬆。

(6)兩臂伸展，舉過頭頂，將兩條腿伸直。以自己身

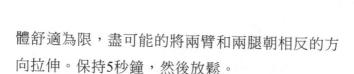

　　體舒適為限，盡可能的將兩臂和兩腿朝相反的方向拉伸。保持5秒鐘，然後放鬆。

(7)雙腳合十，兩手分別握住兩腳的腳趾。輕輕的由髖部開始向前彎曲身體，直到腹股溝部位產生舒適的拉伸感。同時，後背有同樣的拉伸感。將這個姿勢保持20秒鐘。

(8)坐在地上後，彎曲左腿，伸直右腿，左腳跨過右腿放在右腿膝蓋外側。然後將右手手肘彎曲，並放置於左大腿外側、膝蓋上方。

　　讓肘部對對左腿內側的壓力保持平穩，以此來確保左腿的穩定。

(9)後腳的前腳掌撐地，後面一條腿的膝蓋離開地面，要讓這條腿盡可能地伸直。將這個動作保持5～15秒鐘。

(10)選擇一處堅實的支撐物，雙腿一前一後站立。抬起手臂，將前臂靠在支撐物上，額頭枕於手上。

　　彎曲前面的一條腿，前腳指向正前方，伸直後面一條腿，將髖部緩慢前移，腰部保持平直。

　　拉伸時，後面一隻腳的腳跟不能離開地面，腳尖要指向正前方，或者稍稍偏於內側。

　　做動作不要太快。保持輕鬆拉伸10～15秒鐘。然

後交換雙腿的前後位置，再重複做同樣的練習。

⑾站立時，略微彎曲雙膝，將手掌放在腰部靠近髖部的部位，雙手的指尖向下。用手掌輕輕往前推腰部肌肉，讓腰部盡可能的舒展。將此姿勢保持10秒鐘。重複2次。

⑿起始時是站立狀態，略微彎曲雙腿的膝蓋。彎曲右手肘部，將兩手臂放在腦後。同時用左手握住右手肘。然後將頭部向後移動，讓頭部盡可能的靠近右臂，直到產生輕微的拉伸感。

將這個姿勢保持10～15秒鐘。兩側重複做同樣的動作。

進行划船運動要注意的一些基本姿勢和注意事項：

⑴要有充足的熱身和伸展練習，為運動提供肌肉儲備，幫助它們在運動的時候發揮最大的效用。

⑵划船的動作循環轉變依序分為入水、拉槳、出水以及回槳等四階段。

練習時，要注意動作的連貫性，每一個蹬伸動作不要出現停頓，一定要做到位。如果幅度過小，參與運動的肌肉就得不到充分伸展或收縮，難以實現鍛鍊的最佳效果。

(3)使用划船器的方法是坐在座椅上時，用手拉動把
　　手使座椅在軌道上滑動進而達到鍛鍊的目的。

　　練習時，坐在座椅上，雙臂彎曲向後拉動把手，
　　兩條腿也要彎曲，進而使座椅在軌道上滑動。當
　　座椅不能再向前移動的時候，兩手再將拉手向前
　　推，兩條腿也恢復到伸直的狀態，座椅也會隨著
　　向後移動。握柄務必保持鬆弛，太緊容易使雙手
　　和前臂疲乏。而划槳時，雙臂、肩膀以及雙腿出
　　力，背部則不可用力。

(4)划槳動作力求流暢，身體全部向前傾斜時，膝蓋
　　和腿的上部應該抵在胸前，腿的下部應該與地面
　　成直角，手臂保持筆直。此時，開始伸腿向外推，
　　同時上身也從臀部向後拉，增加拉力。

　　此時腿應該釋放出大部分力量。腿部仍保持緊張
　　狀態，上身繼續向後拉，手臂一直保持筆直。

　　只有當腿全部伸展，上身向後拉時，才能彎曲手
　　臂，再次重覆的拉船把手。

(5)划船器的使用需要上肢、下肢的動作協調一致才
　　能夠完成。划船器的拉把上面有控制阻力的旋鈕，
　　練習者在開始做的時候，可以將器械上面的阻力
　　調得小一些，等身體各部分協調得比較好以後，

再加大阻力。

(6)除了正常使用划船器，還可以在原方法上加以改
　變，進行別的運動項目鍛鍊。如可以將划船器上
　的座椅拆下來，然後仰臥在划船器上面，將腿和
　手臂都彎曲，用手握住把手，用力向上推，直至
　伸直為止，這樣做可以加強手臂肌肉的鍛鍊。

　　每次划船時，力度要安排為小、中、大、小的順
序。要經常改變不同的划行方式，並記錄自身的感受，
以制定適合自身特點的運動計劃。

　　划船前3～5分鐘要進行例行性暖身運動，這樣可
確保腰背部充分活動，而不會受傷。划船中注意施力
要領，防止後仰跌倒。

射箭，在靜止中享「瘦」

　　射箭是用弓把箭射出並射中預定目標，打在靶上的技藝。射箭運動是鍛鍊身體的一項有效方式。經常科學的從事射箭運動，可以促進人體產生良好的變化，對於工作和學習都會起到積極的推動作用。

　　由於射箭技術是由若干個動作有機結合而成，從

練習者舉弓到最後將箭射出所用的時間只有幾秒或者
十幾秒。因此，經常從事射箭運動可提高練習者的動
作速度、反應速度和週期運動中的位移速度。不僅能
增強手臂、腰部、腿部的力量，而且可發達胸、背肌
肉，使肌纖維變粗，肌肉的體積增大，力量增強。還
可以促進運動器官的發展，新陳代謝加強，使骨骼的
血液供應得到改善，骨骼變得更加粗壯堅固，同時提
高了骨骼的抗阻和支撐能力，使骨骼結構和性能得到
增強。

在射箭的瞄準和撒放過程中，為保持弓身的穩定
和靜止的狀態，練習者會逐漸控制呼吸的頻率和深度。
這對呼吸器官的技能發展有良好的作用，既能使肺活
量增加，胸廓的活動範圍增大。又能使呼吸深而慢，
使呼吸器官有較多的時間休息，不易疲勞，也不會因
輕度運動而氣喘，進而顯著提高呼吸系統機能。

練習射箭能夠提高人的注意力，使人的注意力更
加集中，還可以增強神經系統的功能，對工作和學習
都能起到積極的作用。

練習射箭前可以做一些拉伸運動，具體拉伸方法
如下：

3. 娛樂減肥法：前衛時尚的瘦身大法

一、拉伸上臂和胸部肌肉：

雙手手指相扣，手掌朝外，伸展胳膊到頭頂，保持手指相扣。向上伸展，保持10秒鐘。

二、拉伸背部肌肉：

雙臂在胸前交叉，將雙手放到肩膀上。慢慢向背的中心伸展雙手，能伸多遠就伸多遠，保持10秒鐘。

.拉伸胸部、肩膀和下臂的肌肉：

一個胳膊向上並彎到背部，另一隻手從下面繞過伸向後背。兩手相扣，保持10秒鐘，然後換胳膊和方向，再保持10秒鐘。做這個操時要保持背部挺直。

四、拉伸肩膀和背部肌肉：

雙手相扣，伸展胳膊，慢慢的盡力向右轉，然後保持10秒鐘。然後再慢慢的向左轉，再保持10秒鐘。

五、拉伸脖子和上肩部肌肉：

自然站姿，兩臂自然的放在身體兩側，向脖子的方向聳肩膀，越高越好，然後向前移肩膀，再向後移。

做大概10秒鐘。

六、拉伸背部和肩部肌肉：

用一節橡皮筋或橡膠管，抓住兩端，抬高胳膊與肩同高，然後張開並伸直雙臂，向後拉動，使肩胛靠近。保持10秒鐘，重複做6次。

七、拉伸肩膀肌肉：

用一節橡皮筋或橡膠管，抓住兩端，抬起一個胳膊到頭頂，另一個與肩同高。向下拉並保持10秒鐘。重複做6次。交換雙臂位置然後再重複動作。

八、拉伸胸部和肩部肌肉：

用一節橡皮筋或橡膠管，抓住兩端，繞過背後。保持胳膊與肩齊平，然後向前拉動橡皮筋，保持10秒鐘。重複做6次。

九、拉伸射箭肌肉：

用一節橡皮筋或橡膠管，綁成一個環，然後拉動橡皮筋模仿射箭的動作，保持10秒鐘。重複做6次。然後換手繼續做，這樣做是為了平衡肌肉發展。

練習射箭要注意的一些基本姿勢和注意事項：

(1)初學者要學會審靶，進入訓練或比賽場地後，先
觀察好自己所射的靶位，以及場地上的情況和周
圍的環境，並針對光線和風向等客觀因素可能帶
來的影響作好心理準備。

站在起射線上，左肩對標靶位，左手持弓，兩腳
開立與肩同寬，身體的重量均勻的落在雙腳上，
並且身體微向前傾。

(2)站姿可以採取側立式、暴露式、隱蔽式三種。其
中側立式採用人體的基本站立姿勢，比較自然，
能確保內臟器官的正常機能活動，不易對軀幹產
生過分的屈曲和扭轉，初學者和女運動員採用此
種站立姿勢比較合適。

練習者可根據自己的不同情況採用不同的站立方
法，但應有自己的固定站立方法。

(3)持弓的要求是弓要能在箭被釋放後自由移動，正
確的持弓方法是拇指和食指形成V字形；左手持
弓，在左臂內上箭，將箭杆放在箭臺上，並使箭
羽與弓弦形成正確的角度，將箭向弓弦方向拉動，
直到弓弦與箭凹緊緊「咬住」。

(4)搭箭時可以將箭尾槽插入弓弦的箭扣部位，並將

箭杆置於箭臺上，然後把箭杆壓入信號片下，然後再將箭杆置於箭臺上，最後將箭尾槽插入弓弦的箭扣處。

推弓要求弓把與手的接觸面應儘量小，手指屈肌不要參與工作，並做到最大限度的放鬆。推弓的動作直接影響箭射出的方向，因而在平時的訓練中不僅要合理，而且要認真，以確保推弓動作的高度一致性。

(5)勾弦動作由食指、中指、無名指完成。為防止其干擾，大拇指應自然彎曲指向掌心，小拇指可自然彎曲或自然伸直靠在無名指上。手腕要放鬆，並和手背連成一條直線。

(6)做好推弓和勾弦動作後，頭部自然轉向靶面。轉頭後眼睛應向箭靶自然平視，頸部肌肉要自然放鬆，否則會對背部和肩帶肌肉用力產生不良影響。

(7)開弓時以左肩推右肩拉的力將弓拉開，並繼續拉至右手「虎口」靠近下頷，同時將眼、準星和靶上的瞄點連成一線。待開弓、瞄準後右肩繼續加力同時扣弦的右手三指迅速張開，箭即射出。

射箭要注意到放箭的節奏，若節奏改變，表示動作已經改變。拉弦時不可使出全身之力，應只讓

兩手用力擴張，肩膀的肌肉必須放鬆，吸氣後，輕輕的將氣往下壓，使得腹部繃緊，再引弓射箭，呼氣要儘量的慢而穩，而且要一口氣完全呼完。

　　初學者練習時要有足夠的耐心，箭中靶標必須有一定的經驗累積才可練成。在練習時每次要用固定的姿勢，相同的力道，可以在練習中不斷調整自己的姿勢，熟能生巧。

騎馬，修飾線條又養身

　　武則天是盛唐時期的女皇帝，傑出的政治家。她
經歷了太宗、高宗、中宗、睿宗四代帝王，享年81歲。
她之所以長壽，與她長期騎馬鍛鍊及參禪修心有密切
的關係。

　　武則天自幼身體強健，擅長馴馬。在當唐太宗的
才人時，外國進貢一匹駿馬，性情暴烈，不能馴服。
武則天走了過來，敏捷的躍上馬背，任憑那馬怎樣嘶

鳴跳躍，她緊緊抓住韁繩，鎮定自若，最後那匹馬終於被馴服了，這使太宗驚歎不已。「才人」在宮中是專為皇帝后妃出遊準備車馬的，在太宗出去打獵或遊玩時，武則天總是騎馬護駕，前後照應，長期的馬上運動使她一直保持著健康的體魄和充沛的精力。

騎馬屬全身性有氧運動，經由馬體起伏的步伐，彈力足以帶動身體運動，且有助於肌肉組織伸展，加上身體必須從頭、頸、腰、腳踝呈一豎排線，腰背伸直挺胸後能夠優化腰痠背痛症狀或駝背不良姿勢。

騎馬時需要放鬆肌肉和心情，但要隨著馬的行進隨時保持在馬鞍上的平衡和接觸，因此下半身肌肉在尋找平衡點時會有持續性放鬆和收縮，也可促進血液循環、新陳代謝，加速脂肪的燃燒並且讓肌肉柔軟富有彈性，達到減肥塑身效果。

騎馬塑身最明顯的成效表現在腰腹、臀部及腿部，騎乘時因腰背挺直，腹部肌肉自然收縮伸展，雙腿須輕貼住馬肚，腳掌前部踩住馬蹬，足跟往下自然垂放，如此能拉直腿部線條修飾腿型。

曾有人每天騎馬40分鐘，3個月後成功瘦下15公斤，且全身線條非常均勻；若以1個月上完10堂課程的密集學習方式（平均每個禮拜最少要上2～3次），可

以在短期內達到成效，不但迅速瘦身，也達到擁有健康身體及良好運動習慣的好處。

騎馬有很好的瘦身效果，為了保障運動的安全性，在騎馬前應該多些拉伸動作：

(1)先將肩膀分別向耳朵的方向聳起，這時頸部和肩膀處會稍稍產生一些緊張感。將這個姿勢保持5秒鐘。然後放鬆，讓肩膀自然下垂。在做動作的同時，心中默念：「肩膀上升，肩膀下降。」

(2)右肩向下移動，頭部向左略微傾斜，左耳朝向左肩。保持這個動作5秒鐘。然後換另一側重複做。

(3)兩手都放在欄杆上，兩手之間的距離與肩同寬。上半身緩慢下移，同時略微彎曲雙膝。髖部保持在雙腳的正上方。

(4)拉伸髖側部時，將右側髖部向身體內側微轉，以拉伸右側髖部的肌肉。將右側髖部向右，同時肩膀向髖部的相反方向傾斜。這樣拉伸5～15秒鐘。兩側都做相同動作。

(5)站好後，慢慢向下蹲，兩腳緊貼地面，腳尖指向前方約15度角方向。兩腳跟要相隔一些距離。將這個拉伸動作維持10～15秒鐘。

(6)雙腿一前一後站好，將膝蓋略微彎曲，並讓髖部

下移。做這個動作時，要讓背部始終保持平直，後面一隻腳的腳趾稍微向內，或者指向正前方，但不能讓腳後跟離開地面。將這個姿勢保持10秒鐘。

(7)兩腳分開站立，比肩稍寬一些，兩隻腳的腳尖指向正前方。略微彎曲右膝，將左髖向右膝方向下移。讓左大腿內側感到輕微的拉伸。將這個姿勢保持5～15秒鐘。換一側，做同樣的動作。

馬是動物，牠也有自己的脾氣和個性。所以，在騎馬的時候，要多注意一些禁忌：

(1)當你第一次與馬接近時要小心謹慎，千萬不要站在馬的後方和側後方，以免被誤傷。

(2)在騎馬前要做一些防護工作，小腿肚，大腿內側和臀部是首次騎馬時，最容易被摩擦受傷的部位。可以透過配置合身的馬靴和馬褲來避免。

(3)不要在馬背上脫換衣服，騎馬的過程，實際上是個交流協調的過程。在牠已經接受你之後，你改變衣服，尤其是色彩反差大的衣服，會讓馬匹容易受驚，會有危險。

(4)上馬前一定要檢查肚帶是否繫緊，繫緊後才能上

馬，肚帶不繫緊容易轉鞍，這是最危險的。騎行中每隔一段時間也要檢查一下肚帶的鬆緊程度。

(5)上馬時腳尖內蹬，下馬時先左腳腳尖內蹬，然後鬆開右腳，然後下馬。上下馬腳尖內蹬很重要，一旦馬受驚或拒乘而跑開，人至多摔一跤，如果全腳套在蹬內，就會拖蹬，這是非常危險的。

(6)正確的騎馬姿勢：走時，用前半個腳掌踩蹬，上身直立坐穩馬鞍；爬山時，上坡身體前傾，下坡後傾。

運動不當引發的婦科病

　　適當的運動有利於提高女性身體免疫力、預防疾病，然而有些劇烈的運動不適合女性來做，如長時間超負荷運動，可能會導致某些婦科疾病。

一、月經異常

　　對較大運動量的女性而言，其月經異常，經期不規律的現象比一般女性更為明顯。而且運動量越大，初潮年齡越晚。因為劇烈運動會抑制下丘腦功能，造成內分泌系統功能異常進而干擾了正常月經的形成和週期。

二、外陰創傷

　　有些女性在運動中外陰部不慎與自行車橫檔、平衡木或其他硬物相撞，容易發生外陰血腫，嚴重者可傷及尿道、陰道，嚴重者還會影響到盆腔。

三、卵巢破裂

劇烈運動、抓舉重物、腹部擠壓碰撞都可引起下腹部疼痛，導致卵巢破裂。其腹痛在休息後稍緩解，但再次運動後疼痛又會加劇，甚至遍及全腹。

卵巢破裂一般發生在月經週期10～18天。經採取有效措施後，出血少者一般可避免手術而保留卵巢。

四、卵巢扭轉

絕大多數的卵巢扭轉是由於生有囊腫的卵巢因體位突然改變而引起，如發現突然劇烈腹痛，牽扯至一側腰部，且伴有噁心的症狀，應及時治療，一般可切除囊腫並保留卵巢。

五、巧克力囊腫

經期劇烈運動有可能使月經血從子宮逆流入骨盆腔，隨經血內流的子宮內膜碎屑就可能種植在卵巢上，形成內含咖啡色液體的囊腫，俗稱「卵巢巧克力囊腫」。得了子巧克力囊腫的人還可能引發不孕。

六、子宮下垂

女性做超負荷運動，特別是舉重等訓練可使腹壓增加，不但會引起子宮暫時性下降，若長期超負荷運動，還會發生子宮脫垂。實驗證明，子宮位置正常的女性負重20公斤時，宮頸位置沒有明顯變化：負重40公斤時，子宮頸就有明顯的向下移位。

運動是為了身體的健康，而如果沒有達到這一目的反而對身體產生了不良的影響，那麼，這種運動就應該停止。

女性的健身運動與男性不同，對健康效果的要求更高。所以，女性運動一定要選擇適宜自己的方式方法和運動量，切忌盲目跟隨潮流，以免生病得不償失。

4

從頭到腳的快速燃脂，
想瘦哪裡就瘦哪裡

形體梳理減肥操，讓你從頭瘦到腳

　　瘦，要從頭到腳的瘦，要瘦的凹凸有致，玲瓏別致才好。所以，在減肥的時候最好要注重瘦全身的方法。下面就給大家推薦一下這套動作。

一、坐拔脊椎

　　在坐姿中尋找脊椎挺拔的形體感覺和狀態，不為多餘脂肪提供生長的土壤。在形體到位的情況下，一手肘關節抵在側腰部，身體向一側傾斜，另一手儘量向後向上伸展。此時下巴翹起，避免下巴堆積脂肪，同時腦子想著肚臍這塊，也就是「意守丹田」。這能讓肢體更協調、開放，享受肢體先天到位的美感。

二、壓弓步

　　前腿弓、後腿蹬，雙腿交換反覆做。此舉能恢復並保持膝關節功能，增強其韌度。

三、轉「8」字

以脊椎為中心，雙手自然張開，用胯部劃橫「8」字。它能消減腰腹部贅肉，保持其靈活性和美感。原則是在體態到位的前提下，動作不求量多幅度大，重在肢體到位。

四、坐拉雙臂

取坐姿，強迫自己的脊椎挺拔起來。感覺有根繩子拽著自己向上挺，此時脖子盡可能伸長，雙手相合雙臂儘量向後向上伸展，目的使人找回先天挺拔的狀態。這對改善頸、胸、腰椎姿態，減少脖子皺紋，擠掉腹部多餘脂肪很有效。

站立時，在「提收鬆挺」的狀態下活動腳腕。一腿站直，另一腿反覆向上、向下最大幅度的鉤、繃腳腕，對腳和膝蓋力度的恢復，腹肌、臀部的收緊有效。此動作雙腿換著做。

五、把脖子拉長是關鍵

「在內部氣息順暢的前提下，練就讓體態呈現提、收、鬆、挺的優美狀態，這才是減肥的根本途徑。」

頸椎向上牽引，喉頭找頭頂百會，同時也就引導胸椎、腰椎、尾椎都處在一個正確的狀態。

六、擺腿練習

雙手放在身體兩側與肩同寬並分別握住健身帶的兩端，右腳踩在健身帶的中間，左腿向後退一小步成45度角。伸直右腿，雙手把健身帶舉過頭頂，繃緊你的臀部，同時讓你的左腿不斷地來回擺動。做一組30次，然後換腿練習。

七、抬腿練習

身體挺直站立，將右腿向後彎曲抬起，用健身帶拉住右腿或右腳腳面。雙手向上抬起，右腿隨著抬高，要保持脊椎伸直，背部呈一條線。伸展雙臂，放鬆肩關節，擴展胸部。做一組15次，然後換腿練習。

八、仰臥練習

把健身帶繞過桌腿桌子一定夠重或其他固定物，身體平躺，頭部儘量靠近桌腿，膝蓋向上彎曲，腳板放平，雙手抓住帶子兩端，並繃緊貼近雙耳。下巴向胸前靠攏並夾緊雙臂。保持雙手貼近雙耳，慢慢抬起

肩部，停頓一段時間，重新開始。

九、側跨練習

身體直立，雙腳分開與臀同寬。把健身帶繞過雙腿在腳踝上方繫緊。保持兩膝輕輕彎曲，右腳向右邊跨出一大步，然後左腳向右邊跨出一小步，注意保持帶子緊繃。然後反方向做相同的動作，持續做一組15次。

十、牽引練習

身體坐在椅子上，雙臂伸直，雙手拉緊健身帶過頭，雙手保持比肩略寬。首先保持雙臂伸直，健身帶拉緊。然後保持右臂不動，左臂向身體左側慢慢放低，直到左臂與胸同高，停頓一段時間，然後換右臂練習。雙臂交替進行此項練習，每側進行一組15次。

從功夫操開始完美瘦身

　　人人都想擁有「麻豆」一般的身材，修長筆直的雙腿，緊俏結實的臀部，平坦的小腹。

　　為了獲得這樣的身材，有人選擇吃減肥藥，有人去健身房拼命運動，但效果仍然不顯著，也許最後體重變輕了，可有些部位仍然還是像以前一樣不好看，像「大象腿」、凸出的小腹等，是每一個減肥人士的頭痛之處，這時候，你就應該換一種思路，用「局部瘦身功夫操」減肥，專門針對頑固肥胖的地方，保證

讓你「一擊即中」，讓身體的每一個部位都像「麻豆」一樣勻稱標緻。

(1)後踢運動:首先，膝蓋併攏四肢著地跪在健身墊子上，保持雙掌著地與肩同寬，同時，支撐身體的大腿、手臂要與地面垂直。然後提胯，將右腿向後伸展開來，右腳腳背彎曲。

在右腿向後伸展的同時儘量收縮臀肌，感覺到腿部肌肉被繃緊，然後稍稍往外伸展腿。

運動中，要始終保持胯部平衡，將身體的重心置於雙掌和左腳上，保持數秒，然後收回右膝並儘量向胸部靠緊。重複右腿以上運 15～20 次後，換左腿做。以上動作重複 2 遍。

(2)抬舉臀部:臥於軟質材料上，保持朝上，微微彎曲雙膝，並將雙足放置在比背部稍高的不穩定物體上，像軟枕、折疊起來的毛毯（8～16 釐米高）、瘤皮球等。準備好後，伸直左腿，同時收緊臀肌，然後儘量向上抬起胯部，再將抬起的胯部慢慢放回地面。重複該動作 12～15 次，再換右腿。即可。

二、練就筆直修長的雙腿運動

(1)平時走路要儘量擴寬步伐，加快雙腿交替頻率，這樣的走路方法可以使腿上的所有肌肉得到充分的鍛鍊。

(2)在看電視的時候，端正坐於椅子上，將一條腿的膝蓋繃直，使之與地面保持平行，並停留 5 秒後放下，重複這個動作 8～10 次。然後換另一條腿做以上運動，整組動作重複 2 遍。有效減少大腿上的贅肉。

(3)在爬樓梯的時候儘量踮起腳尖，並將腳跟抬高，維持身體重量由腿部承擔，這樣的上樓方法能消除大腿內側和臀部的贅肉。

(4)臨睡時，平躺於床，將雙腿向上伸直與床面垂直，雙手執一條長形毛巾跨過腳底，並伸直雙手，兩腳要儘量往上蹬，而兩手同時儘量用力下壓毛巾，保持手部與腳部儘量伸展 5 分，使小腿有明顯的痠脹感即可停下。

三、練就平坦迷人的美腹運動

(1)呼吸收腹操:端坐於椅子上，將兩腿併攏慢慢往上

抬。將兩手輕輕放置在小腹上，然後慢慢地將肺部
空氣吐出，同時慢慢收緊腹部肌肉。吐氣時速度從
慢到快，小腹也隨之越收越緊，保持肩膀放鬆。直
到小腹已經完全收緊的時候，氣全部吐出。然後放
鬆肩膀與小腹，並慢慢吸氣。直到空氣充滿肺部，
不用刻意收縮小腹，轉而換成將腹部往下壓的方
式。

(2)扭轉腰:筆直站立，雙手抱於腦後，然後迅速向左右
兩側分別扭轉上體，扭轉時要注意不是以膝蓋為扭
轉軸心，而是保持扭轉軸在骨盆以上的部位，像這
樣重複扭轉 30 次。

四、練就挺拔身姿的貼壁美體法

隨便找一處光滑的牆壁，雙腳併攏，以背緊貼牆
壁，將頭、肩膀、臀部、小腿、腳跟與牆壁儘量貼實
站立，然後保持貼牆站立姿勢20～30分鐘。之所以這
樣做，是因為當頭、肩、臀、小腿、腳跟這幾點保持
在同一個垂直的平面上，才是脊椎的生理曲線正常應
有的姿勢，所以長期維持貼牆站立姿勢，可以矯正不
良姿勢。

只要針對你想要重點減肥的部位，持續做局部瘦

身功夫操，就能逐步改善自己的身形，輕鬆擁有「麻豆」身材，還在等什麼，今天下班就來選定自己想做的局部瘦身功夫操吧！

集中收緊部位——臉

「從背面看希望，從側面看失望，從正面看絕望」
這句話雖然只是男生用來調侃女生的，但是也說明了
臉對女性的重要。即使你的身材玲瓏有致，曲線纖瘦
婀娜，可是，如果你有一張肥嘟嘟的臉，那麼一切看
起來遠沒有想像中那麼完美。

臉的重要性人盡皆知，一個漂亮的臉蛋可以說是
每個女性都想擁有的，有誰不希望自己擁有天使般的
臉龐呢？可是，想讓自己看起來更加舒服，首先要做
的就是擺脫那張胖胖的臉。減肥本就不是一件容易的
事，局部的減肥更是如此，要想擁有一張瘦而有形的
俏臉更不是一件輕而易舉的事，但是若能清楚地認識
到自己臉胖的原因再「對症下藥」，相信不做胖臉女
生就不再只是口頭上的事情了。

導致臉部肥胖的原因有很多，下面就為大家分析
一下，你也不妨來看看自己屬於哪一種類型。

⑴面對鏡子下巴往下持續約10秒，動作重複3次。這一姿勢能夠很好地鍛鍊下巴及臉頰肌肉。

⑵舌尖在嘴巴內部由左右上下，順時針刺激嘴唇內側的穴位，連續3次以上。舌尖刺激嘴唇內側的肌肉，可以幫助消除法令紋。

⑶雙唇輕閉，嘴唇先往右邊撇，保持10秒，再往左邊撇同樣10秒，兩邊輪流3次以上。剛開始如果不習慣，不妨配合眼神一起左右轉換。這一小動作可以強化臉頰及嘴角肌肉，幫助胖嘟嘟的小腮幫快速消失掉。

⑷眼睛直視前方，兩手分開擺在臉頰兩側，想像自己是隻小獅子.下巴稍微往下傾，嘴角往外側牽動，動作約持續10秒，重複5次以上。獅子表情促進了整個臉頰肌肉的擴張，對消除地心引力所造成的臉頰贅肉十分有效。

⑸輕鬆放平雙肩，嘴唇輕閉，然後嘴角略施力往兩側牽動。再張開嘴巴露齒，牙齒要咬合，讓唇瓣肌肉略微用力保持約10秒，如此重複5次以上。這一運動可以調整牙齒的咬合，讓平時咀嚼不到的

肌肉也有機會參與新陳代謝。

(6)背伸直，將頭緩緩向後仰，讓下巴和脖子儘量往
上抬，持續約10秒鐘。嘴巴張開呈「啊」字形，
直到下巴肌肉感到緊繃，注意背部不要彎曲。將
脖子及下巴放下，調整呼吸。重複上述動作5次以
上，可以很好地促進血液循環，強化下巴到頸部
的曲線。

(7)雙手手掌貼住腮幫，然後將嘴巴張開呈「啊」狀，
輕輕按摩10次。放鬆後再將嘴張開，假裝咀嚼食
物的樣子，重複10次。這樣可以調整因飲食姿勢
不當而引起的臉形不勻稱。

瘦臉的小運動

(1)嘴巴鼓起來吐氣，再吸氣，反覆幾次。這樣做的
目的是，在做瘦臉操前讓臉消去肌肉裡面的氣體，
使這個瘦臉小運動效果更加明顯。

(2)用兩隻手的大拇指把顴骨脂肪往上、往內頂，一
次維持數秒，反覆幾次。你會感覺到有稍微疼痛，
這是效果開始有效的徵兆，無需害怕擔心。

(3)以手指關節輕輕敲敲下顎骨。這樣做的目的是使
肌肉受到輕微刺激，進而導致萎縮。這個動作要

做15次左右即可。

(4)早晚洗臉後，雙手輕輕拍打或敲擊臉部，待臉頰呈微紅為止。此方法不但能促進臉部血液循環，使臉色變紅潤，還能達到修緊臉部、突出輪廓的效果。洗澡後先用拇指與食指掐住臉頰的肉上下拉約10次，再左右拉也10次，然後再換別處。整個臉頰每個部位都要拉.剛開始可能會有點痛，習慣就好了。拉的目的就是軟化脂肪，還有讓臉部的淋巴腺暢通，可代謝多餘的脂肪與水分。

瘦臉湯勺按摩法

(1)在全臉均勻擦上具有緊致作用的乳霜之後，利用不銹鋼湯匙為臉部按摩，可以快速收緊眼袋、消除臉部水腫。

(2)將不銹鋼湯匙先放入冰箱冷凍櫃中30分鐘。然後取出並用清水沖洗乾淨。在眼周塗上眼霜、臉部均勻擦上乳霜之後，將湯匙按壓眼肚位置約1分鐘。然後再閉上眼睛，輕力按壓眼瞼約1分鐘。

(3)從眉心開始，沿著眼眉慢慢輕輕按摩至眼尾。由顴骨位置開始按摩，輕力按壓至下巴處。這樣的按摩可以收緊雙下巴。

(4)由嘴角邊斜向上按摩至耳垂處。能長時間保養肌膚，另外還能減淡笑紋。

養成五個瘦臉習慣

(1)每天至少吃3個水果和3兩蔬菜——瘦臉離不開全身減肥，因此控制攝取的總熱量相當必要。多吃水果和蔬菜不僅容易產生飽腹感，還能幫助你減少吃甜點的強烈欲望。

(2)對酒精說不——無論是啤酒、雞尾酒、白酒，還是其他形式的酒精飲料，都可能讓你臉部水腫和皮膚鬆弛。此外，酒精飲料的熱量很高，僅一杯200毫升左右的酒精飲料，熱量便可達到100卡。

(3)增加鈣的攝入量——一項研究顯示，接受測試的女性每天從食物中攝取1200毫克的鈣，能幫助身體更快地消耗脂肪，使臉部纖瘦、身材苗條。

(4)控制鹽分的攝入——每天攝入的鹽分越多，意味著臉部水腫的可能性越大。應少吃罐裝食物、醃漬的魚、香腸、熟肉，還有薯片。

集中收緊部位——下巴

　　雙下巴其實是下頜脂肪帶的形象稱謂，下頜非常容易存儲脂肪，而且一旦運動不足就很容易出現肌肉鬆弛、脂肪累積的現象，也就是所謂的雙下巴。中老年人比較容易有雙下巴，其中又以女性居多。雖然過去的人們常常把這當做一種福氣，但是現在看來，雙下巴已經成為女性朋友競相拋棄的「黴氣」了。雙下巴總是與脂肪堆積聯繫在一起的，因此想要告別雙下巴，除了要注意控制飲食中的脂肪攝入量外，最重要的就是活動下頜了。

運動瘦下巴

(1)肩膀保持不動，只將頸部盡可能前伸，持續6秒鐘，然後緩慢的盡可能的將你的下巴向下拉至頸部，將此動作再保持6秒鐘，放鬆後多次重複。

(2)一伸舌頭這個動作看似簡單，微不足道，但是它

卻可以既防止形成雙下巴，又能使已經形成的雙下巴有所緩解，是雙下巴和脖子之間的皮膚保持不鬆弛的理想方法。

(3)舌頭用力頂下顎的牙肉，也可以達到收緊頸部肌膚的功效，進而減輕雙下巴。

按摩收緊下巴

(1)運用雙手的中指開始進行按摩，先從上唇中間開始，以按壓拍打的方式按摩。

(2)慢慢沿著嘴部四周到下唇中間，最後停留在下巴部位。

(3)下巴部位要重複按壓與拍打，每個部位至少重複按摩8次。

(4)接著，將中間三指放在下巴上，左右重複的往上摩擦。動作要記得往上提拉，運用往上抹的方式來進行按摩。每次至少進行10次。

(5)最後，運用中間三指在下巴上開始進行輕拍與按壓的連續動作，從下巴開始，一路往上到左右雙頰的部位。輕拍與按壓的動作要有節奏性，並且要緊密相連，這個部分的按摩至少要進行25次。

刮痧瘦下巴

(1)用臉部刮痧法刮拭廉泉→頰車→風池，刮拭5遍。
可以調補氣血，濡養肌膚。

(2)用點按法按揉阿是穴。阿是穴可以促進代謝，補
充該處營養物質。

(3)用臉刮法刮拭廉泉、頰車、關元、脾俞，刮至微
紅有灼熱感，臉部不要出痧，身體部位出痧即可。
局部刮痧可以調理氣血，疏通經絡，祛除風邪，
消減多餘的脂肪。

集中收緊部位——頸部

　　有人說，數一數女人頸部的褶皺，就知道她衰老的程度。由此，我們可知，光滑的頸部可以是一個女人驕傲的資本。因為它的光滑，我們可以宣稱自己還很年輕；因為它的光滑，我們可以向別人明示我們對自己珍愛有加。

　　頸部很容易積存多餘的脂肪，在脖子周圍形成難看的肉褶，使人顯得笨拙和蒼老；骨瘦如柴的人頸部乾瘦，胸上部的鎖骨突出，看上去確實有點可憐。

頸部肌肉分佈多而密，主要有淺層的頸闊肌、胸鎖乳突肌、舌骨上下肌群和深層的頭前直肌、頭側直肌、頭長肌、三斜角肌等。

　　從美觀的角度考慮，頸部肌肉不要求練的很發達，以活動自如，不臃不瘦為宜。

　　另一方面，頸部的健美運動對人生命活力起著積極的作用，它上承腦袋、下啟軀幹，是個重要的樞紐，能夠促進頭部血液暢通，對大腦和頭髮很有益處。

頸部清潔滋潤

(1)清潔：先用熱水清洗脖頸，將清潔面乳點塗在脖頸上，用手指逆著汗毛生長的方向（由下自上）劃小圈一邊把洗面乳暈開。一邊輕輕向下按，這樣可以深層清潔毛孔裡的油垢，同時可以起到按摩的作用。如此持續1分鐘，再用濕水沖洗乾淨。如果脖頸處生出雞皮疙瘩時，每天早晨可用熱水浸過的毛巾裹住脖頸，切幾片鮮黃瓜來回擦拭，效果也不錯。

(2)沖淨：用溫熱的清水把洗面乳沖掉，一定要多沖幾次，要知道，它不僅可以把殘留在毛孔裡的油垢全部帶走，另外水的衝擊力可以對頸部的皮膚

進行溫柔的按摩。

(3)滋潤：晚間睡前洗浴後，往臉部塗護膚霜時，脖頸處也應塗一些。為了使護膚霜能滲入脖頸處的乾燥皮膚，用熱毛巾加以熱敷效果更佳。

若脖頸處的皮膚乾枯鬆弛，應每天持續做頭部上下運動，左右旋轉，或用手掌在脖頸處做輕柔的撫摸按摩。

(4)冷敷：如果脖子太勞累了，無法再靈活轉動，我們還不妨採取這個辦法：將鹽水凍成冰塊，裹在毛巾裡，然後把它放在痠痛的部位，一邊劃小圈一邊冷敷20～30分鐘。大約2～3天，你的脖頸就會轉動自如了。

頸部減脂運動

(1)盤起頭髮，露出頸部。上體保持正直，頭部微垂，呈放鬆姿勢。

(2)雙手食指、中指放於同側的風池穴上（胸鎖乳突肌與斜方肌之間，頸項後部兩側）用力推拉，來回做36次。

(3)捏起頸項處皮膚，再放下，重複36次。

(4)用四個手指環揉頸項部，緩衝推拿後項部的不適：

再做頸部屈伸，左、右旋轉各10次，達到放鬆的目的。

網球糾正法

準備兩個網球，將網球併靠在一起不留空隙，用膠條固定，使球不會上、下、左、右活動。

(1)將網球置於枕骨下方，枕骨下方有個凹陷處，即為矯正的位置點！放置網球時，使球對準左、右兩個凹陷處。

(2)放置網球，然後平躺平躺30秒鐘，放鬆。這樣可對箭頭所示的45度角方向的位置施加作用力，使頸部關節得到伸展。1次不超過3分鐘，1天不超過3次。

集中收緊部位——肩部

　　很多人認為，女人最美的部位，是脖子和肩膀間的優美曲線。狂歡派對上，如果你為自己準備了一件露肩的禮服，那你就更應該仔細塑造一下你的肩部線條了。

　　肩背線條變形走樣，除了先天遺傳因素外，80％是由於肥胖所致，也有少部分是由於姿勢不良，造成骨骼彎曲、肌肉鬆弛，身體處於不平衡狀態，使背部脂肪囤積。隨著年齡的增長，身體新陳代謝的能力也開始減緩，此時腰、腹、臀、背、腿等部位，就會出現脂肪囤積，破壞原本勻稱的身體曲線。特別是背部的脂肪囤積，給人壯碩的感覺，看起來比實際體重要重，且使人沒有優美的肩背線條。

　　肩背上的贅肉是不易消除的，所以要多花時間努力運動，除了舉啞鈴或扭腰來緊實肌肉之外，還要多做肩背部伸展運動。下面介紹幾套美肩方案，以供參

考。

美肩方案一

(1)雙腳分開站立，與肩同寬，雙手拿啞鈴。

(2)雙手提高，手肘關節提至肩膀的高度。

(3)放下、提高，來回做 20 次。

美肩方案二

(1)膝蓋微屈，上身向前彎，兩手拿啞鈴自然下垂。

(2)臉朝正前方，雙手垂直向上提，身體保持彎曲。

美肩方案三

(1)先放一張有椅背的椅子在側邊，雙腳分開站立與肩同寬。

(2)雙腳保持不動，上身向側轉，雙手放在椅背上，記住收縮背部肌肉。

美肩方案四

(1)屈膝站立，一手將啞鈴舉至肩膀位置，一手將啞鈴舉至頭頂上方。左右手輪流做 20 次。

(2)屈膝站立，垂手握啞鈴放兩腿間。

(3)雙手舉起啞鈴至腋下位置。

美肩方案五

(1)仰面躺在地上，膝蓋彎曲。右手拿一個啞鈴，抬起
手臂。把左手放在右邊的三頭肌上保持平衡，這時
你會感受到肌肉的運動。

(2)慢慢把右臂向胸前彎曲 90 度，注意不要彎曲手腕，
停止，然後伸直手臂。

美肩方案六

(1)手臂向上伸直，握拳，彎曲肘部，與肩平。每組重
複 20～30 次。

美臂方案七

(1)啞鈴側平舉。兩腳自然開立，保持與肩同寬，抬頭
挺胸，身體微向前傾，兩手握住啞鈴，肘關節微
屈，整個手臂保持這一姿勢。以肩為支點，兩手從
身體兩側勻速舉起，到達舉起高度的最大限度時停
頓幾秒鐘，然後再慢慢放下，重複動作。

(2)啞鈴前平舉。兩腳自然開立，保持與肩同寬，抬頭
挺胸身體直立，兩手握住啞鈴，微屈肘關節，整個

手臂保持這一姿勢。以肩為支點，兩臂從胸前以均勻的速度舉起來，上臂水平，下臂與上臂保持垂直並盡力併攏，舉到最大限度後停頓幾秒鐘，然後再慢慢放下，重複動作。

(3)啞鈴俯身側平舉。兩腳自然開立，保持比肩略寬的距離，目視前方，提臀，兩手握住啞鈴，肘關節微屈，整個手臂成固定形態。身體向前彎腰，以肩為支點，兩手從身體兩側勻速舉起到與地面平行，到達最高點停頓幾秒鐘，然後再慢慢放下，重複動作。

(4)需要注意的是，以上 3 個動作均是用勁時呼氣，舒展時吐氣，可以按順序每個動作做 2 組，每組12～15 次。它們分別能鍛鍊肩部的前、中、後三部分肌肉，促進血液循環，使肩部得到更多的營養，對肩部的塑形和健康都非常有好處。

集中收緊部位——脊背

　　零缺點的背部曲線絕對可以讓你做個最滿懷風情的女人，但厚厚的背部脂肪也許是你的攔路虎，想尋找背部減肥最有效方法？那你得按照以下的方法來做了。

背部減肥最有效方法之一

(1)坐姿：

　　在病態發生前改掉駝背的習慣，不僅可以美化曲線，還能讓您的自信度和人際關係大幅加分喔!儘量不坐沙發，因為軟綿綿的沙發會讓您想癱在沙發上。而且椅子只坐三分之一，更能讓您保持直立不駝背。

(2)照鏡子：

　　擴胸健康操，雙手伸到背後合掌，手指朝上，掌心相對。將此動作養成每日的習慣，每次持續5到

10分鐘。常常檢視自己的姿勢，時時提醒自己要抬頭挺胸。

(3) **背靠牆壁**：

由後腦勺起，雙肩，臀，腳後跟這四個部位全部貼住牆壁，將此動作養成每日的習慣，每次至少10分鐘，習慣抬頭挺胸的感覺。

(4) **穿高跟鞋**：

穿適當高度的高跟鞋，人會不由自主的縮小腹，挺胸。但鞋跟不宜太高，以免腳趾變形。

背部減肥最有效方法之二

(1) 平躺在地板上，腹部緊貼地面。雙手交叉置於腦後，輕輕地抬起頭部，使胸部離開地面。注意不要用力過猛。然後回落，請你控制好速度。重複此動作2組15次。

(2) 雙腿分開站立，膝蓋彎曲。胸部向前傾，但是背部始終保持挺直。

雙手持啞鈴，向兩邊水平提起，感覺到背部肌肉在用力。重複此動作2組20次。

(3) 兩腿併攏站立，雙手置於腦後交叉，也可以向水平方向打開。胸前傾然後回來，重複此動作3組20

次。這個動作鍛鍊你上背部的肌肉。

雙腿分開等肩寬，膝蓋彎曲。胸部前傾，左手按在膝蓋上，右手持啞鈴向腳尖方向盡量放長，然後用背部的力量回拉至臀側，注意胳膊不要彎。請你控制好速度。這個動作重複2組15次。

背部減肥最有效方法之三

(1)雙手微握拳，用食指、中指、無名指和小指四指第一關節的背側部位著力於背部，以前臂帶動手部.在背部交錯推搓，如此反覆30～40次。

(2)右手手掌著力由肩胛骨（位於後背上方，左右兩邊呈三角狀的骨頭）部位至骶骨（位於腰椎底端與尾骨相接）逐一進行地畫圈揉按，左手重疊壓在右手上，用來支撐及加強效果。

此動作可在整個背部進行，但應注意避開脊骨。

(3)雙手四指併攏，自然平伸。左手按在右手上，全掌著力於尾骨上側。用力向上直線推至頸部。再用同樣的手法從左臀部推至左肩，右臀部推至右肩。如此反覆6～8次。

(4)從頸部至骶骨，雙手手掌沿脊骨交替進行按摩。按摩動作緩慢、輕柔。

當一隻手結束的同時，另一隻手緊接著開始同樣
的動作。反覆做8～10次。

(5)左側位。雙手自然彎曲虛握拳，腕部放鬆，分別
以雙手四個手指（拇指除外）的第一關節著力，
迅速抖腕。雙手交替用爆發力叩擊背部，如此反
覆叩擊30～40次。

集中收緊部位——手臂

　　愛美的女性常常把自己的注意力集中在如何雕塑胸部臂部腿部腰部等，卻忽視了另外一個重要身體部位，那就是手臂。如果你從不進行針對手臂的練習，手臂肌肉將以每年0.45斤的速度消失，如此下去你的手臂將很快「衰老」。

　　如果你不考慮為胖手臂減肥，每一次投向它們的視線都會被橫向擴張，你看上去至少比實際體重「胖」

2～4公斤。如果你不打算裸露手臂，你將遭遇被所有時裝設計師拋棄的命運。

因為袖子是設計師最先剪掉的部分。如果你還記得魯迅先生那段有關性感的描寫，你一定知道第一眼性感是從手臂開始。

「強化」雙臂的運動

(1)左臂伸直，舉向天空。右手五指併攏，從肘關節的位置開始，帶著壓力向左手臂根部一下一下地刮這部分肥厚的脂肪，力度掌握得讓肌肉有些痠疼即可。右臂重複相同的動作。

這個動作不僅能排毒，肌肉在抵抗壓力的時候也會消耗脂肪，促進脂肪的燃燒。需要注意的是伸向天空的手臂要盡可能向上伸展，另一隻手的力度一定要到位。

(2)將雙手搭在雙肩上向後做繞環運動。動作的重點在於當手臂繞到後半圈的時候，要盡量向後，使大臂後內側即「蝴蝶袖」所在位置的肌肉充分得到拉伸舒展。

這個動作能夠很好地促進大臂後內側肌肉的運動，對蝴蝶袖的消除很有幫助。但是在做這個動作的

時候最好大繞環和小繞環交替進行，避免肩膀前側的肌肉痠疼。需要注意的是，做時注意力應該集中在上臂後方，儘量不給手臂的其他部位造成負擔。

(3)背對一個比自己腰部稍低的平臺如椅子，雙手向後放在平臺上，同時雙腳前跨一大步，腳掌最好整個貼住地面踩穩。

(4)上身保持垂直往下蹲，雙手用力撐住，使上臂及肩部有拉伸感，維持3秒鐘。然後回到第一步的動作維持3秒鐘，如此重複3～4次，每次15下即可。每輪中間可稍作休息。

這個動作可以透過雙腳前邁的幅度來相應增加難度。需要注意的是，肩膀應儘量向後打開，不可聳肩，腹部內收，身體垂直向地面下蹲，儘量不要傾斜。

瘦小臂啞鈴操

(1)雙手緊握啞鈴或者礦泉水等罐裝物，每天上舉100下，長期持續下來胳膊一定會變細。需要注意的細節有：兩手中的東西一定要重量相同，否則很容易導致兩條胳膊不一樣粗：舉的時候要有節奏，

不需要太快，但是中途不要長時間停頓，更不可半途而廢。堅持就是勝利。

⑵身體自然站直，雙腳打開與肩同寬，雙手緊握啞鈴，雙臂向身體兩側打開伸直，掌心朝外。雙臂向前、向後畫圈30次，重複3次。

⑶身體自然站直，雙腳打開與肩同寬，雙臂在身體前方伸直與肩同高，手掌朝下。在雙臂保持不下垂的前提下雙手上下交換交叉30次。

集中收緊部位——小腹

不良的習慣很容易導致脂肪在我們腹部堆積，長久下去就會形成小肚子了。想減肚子，我們需要養成規律運動的好習慣，可以從簡單的飯後散步開始，漸漸達到每週3～5次有氧運動的水準。這樣，再配合一些局部運動就能很好地減肚子了。腹部減肥並不難，從每天睡前10分鐘的打圈按摩開始，慢慢的結合上述的減去小肚子的方法，一定會有不錯的腹部減肥收效。

導致腹部凸出的因素

(1)坐式生活——不愛運動，平日久坐可謂是現代人最普遍的通病；吃飽飯後就坐著看電視，或是邊吃零食邊上網。攝取食物後繼續坐著不動，糖分都轉換為脂肪，變成贅肉囤積在腹部。

腹部減肥解決辦法：注意縮小腹：走路和站立時，要記得用力縮腹，再配合腹式呼吸，也許前一兩天會

覺得很辛苦，但日子一久，你就可以看見自己的小腹肌肉變得緊實，能達到瘦身的功效。

(2)生活壓力——面對工作壓力，許多人都會借大吃來紓解心中的壓力，或者是常常吃過飽，吃到很撐才停止，不知不覺中就過多地攝入熱量和不必要的食物，容易造成腸胃突出。

腹部減肥解決辦法：運用腹式呼吸法：腹式呼吸的方法其實很簡單，當我們吸氣時，肚皮脹起、呼氣時，肚皮縮緊。雖然剛開始可能不太習慣，但習慣了，有助於刺激腸胃蠕動、促進體內廢物排出，另一方面也能使氣流順暢，增加肺活量。

(3)姿勢不良——不少人腹部的肌肉力量不夠，坐著的時候習慣將身體攤在椅背上，不自覺地將後腰部騰空，或者是走路習慣彎腰駝背的人，身體會不知不覺向前傾，小腹也就跟著來報到了。

腹部減肥解決辦法：保持正確的姿勢：走路時放鬆肩部，雙臂自然擺動，下腹提起，保持稍微緊張的狀態。而平日要長期坐在辦公室裡的女性，坐姿絕對要端正，儘量把臀部深深坐到椅子上，使腰部和背部挺起來。

(4)排便不暢——不少女性都有便祕的困擾，一旦長

期便祕，人體的廢物會堆積在腸子裡，腸子表面
就像篩檢程式，濾孔被塞阻後，就會形成慢性腹
脹。

健康飲食消除便祕：為了消除便祕，儘量減少暴
食暴飲，多進食纖維質食品。多吃利於排便的碳水化
合物，早晨空腹飲一杯礦泉水，再喝含有纖維質的優
酪乳，刺激腸胃，達到腸胃蠕動、促進便意的功效。
如果有便祕的話，必須去醫院接受診斷，採取適當的
措施。

提肛運動：除了要常常提醒自己縮小腹，做提肛
運動及勤走樓梯，可以讓脂肪不再受地心引力影響而
往下垂；此外常坐辦公室的女性，可利用辦公室的椅
子，將上半身維持挺直，骨盆往後倒，坐於屁股上，
然後再慢慢將臀部往上拉，至緊繃處再恢復原狀。這
個運動有助於刺激腸胃蠕動、促進體內廢物排出。

收腹的方法

(1)臍部按摩收腹方法：將雙手拇指與其餘四指用力
對合，拿捏腹正中線兩側肌肉，從上腹拿捏到下
腹部，反覆做1～3分鐘。

(2)左手掌疊放在右手背，將右手掌心貼在肚臍下，

適當用力繞臍做順時針按摩腹部1～3分鐘，以腹部發熱為佳。

(3)按揉關元穴右手半握拳，拇指伸直，將拇指指腹放在關元穴上，適當用力按揉0.5～1分鐘。

(4)分推臍旁。將雙手中指分別放在臍旁，適當用力向兩側分推至腰部，反覆做1～3分鐘。以腹部發熱為佳。

(5)推腹外側。將雙手分別放在同側的腹外側，以掌根從季肋向下推至大腿根部，反覆做1～3分鐘。

(6)按揉豐隆穴。將左（右）下肢平放在對側膝關節上，用右（左）手中指指尖放在豐隆穴上，拇指附在對側，用力掐30秒～1分鐘。

睡前的收腹動作

(1)金魚擺尾——這個動作對豎脊肌的刺激很有效。俯躺，雙手曲臂，手背觸及額頭，控制身體的核心力量，讓上半身和下肢同時離開地面，控制2～3秒然後放鬆。也可以把手臂向前伸展打開或者在身體後側相握，能明顯感到腹部肌肉的拉伸和腰背肌的緊張感。

(2)直角式——在瑜伽中，這個姿勢被稱為直角式，

吸氣的時候，控制身體向前俯，上半身與下半身成直角，雙手相握向頭部上方伸展，呼氣的時候，身體慢慢放鬆，恢復到直立狀態。

(3)側腰式——仰面平躺，屈膝，腳平放地上，用左腳踝觸右膝。左手置於頭後，肘部向外，右手伸展。右臂帶動身體緩緩上抬貼向左膝，含胸（肘部始終保持與耳朵呈一條直線，頭部和頸部不要向前彎曲），保持姿勢，然後緩緩放鬆。然後另一側重複相同的動作，做4組，每組10～15個。

腹部減肥的減肥茶

黑茶：

可抑制小腹脂肪堆積。而黑茶對抑制腹部脂肪的增加有明顯的效果。想用黑茶來減肥，最好是喝剛泡好的濃茶。另外，應保持一天喝1.5升，在飯前飯後各飲一杯，長期堅持下去。

姆奈瑪茶：

有效抑制糖分吸收。印度醫學中，頻繁出現的就是這種吉姆奈瑪茶。吉姆奈瑪的綽號又叫「糖殺死」，嚼過它的葉以後再吃糖，口裡不會有甜的感覺，攝取量自然大減，糖分和碳水化合物的吸收量降低，因而

轉化成脂肪量也就相對減少。吉姆奈瑪茶不僅對防治和改善肥胖有效，還對糖尿病有輔助治療的作用。

荷葉茶：

古代減肥祕藥。充分利用荷葉茶來減肥，需要一些小竅門。首先必須是濃茶，第二泡的效果不好。其次是一天分6次喝，有便祕跡象的人一天可喝4包，分4次喝完，使大便暢通，對減肥更有利。第三最好是在空腹時飲用。其好處在於不必節食，荷葉茶飲用一段時間後，對食物的愛好就會自然發生變化，變得不愛吃油膩的食物了。

集中收緊部位——小腿

　　其實想瘦小腿，先要檢查自己小腿的肌肉是鬆弛還是繃緊。若是肌肉繃緊的話，要瘦就會比較困難。所以首要的減小腿計劃，要由打鬆結實的小腿肥肉開始。

一、俯撐踢腿

(1)雙臂伸直，手掌著地，雙腳也著地，並且膝蓋不能彎曲。整個身體成倒V字形支撐在地面上。

(2)向上抬起右腿，同時左腳腳跟離開地面，雙腿都不能彎曲。右腿抬起到與身體成一條直線為止。左右腿交替重複做幾次。

二、前踢腿

(1)自然站立，雙手叉腰，身體保持正直。

(2)右腿抬起，與地面成45度角，右腳面儘量繃直。

需要注意的是上身始終都要保持挺直。堅持幾秒鐘後換另一條腿交替重複做幾次。

三、側踢腿

(1)自然站立，身體保持正直，一手搭在椅背上。左腿向側面方向抬起到不能再高為止，抬起時腳面繃直。整個動作身體保持挺直。維持幾秒鐘，然後換右腿重複做相同的動作交替做幾次。

四、側下蹲踢腿

(1)側立於椅子邊，左手扶著椅背，身體保持平衡。身體重心慢慢放低的同時左腿彎曲，右腿向右側伸直。

(2)右手臂向右側伸直，上身保持挺立，下頷頷微抬。維持平衡幾秒鐘後換另一側重複同樣的動作，交替進行幾次。

五、側躺抬腿後舉

(1)側躺於墊子上，雙腳併攏伸直，右手手肘撐地，支撐上半身，整個身體保持平衡穩定。左手自然放在身體前方，吸氣。

(2)吐氣，身體各部位動作不變，左腳向上抬起，大腿以及臀部側邊肌群感覺到收縮即可。

(3)吸氣後吐氣，將抬高的左腿慢慢向後移動，高度不變，維持數秒鐘後再慢慢將腳收回。左右交替做幾次。

這幾個動作都能夠很好地鍛鍊腿部、臀部肌群，緊實腿部肌肉，塑造出完美曲線。需要注意的是，抬腿的過程中身體最好保持平衡，不能左右晃動，高度不一定越高越好。

生活中的腿部保健

(1)「乾洗」腿——用雙手緊抱一側大腿根，稍用力從大腿根向下按摩直至足踝，再從足踝往回按摩至大腿根。用同樣的方法再按摩另一條腿，重複10～20遍。這樣可使關節靈活，腿部肌力增強，也可預防小腿靜脈曲張、下肢水腫及肌肉萎縮等。

(2)甩腿——手扶樹或扶牆先向前甩動小腿，使腳尖向前向上翹起，然後向後甩動，將腳尖用力向後，腳面繃直，腿亦伸直。兩條腿輪換甩動，每次甩80～100下為宜。此法可防半身不遂、下肢萎縮、小腿抽筋等。

⑶揉腿肚——以兩手掌緊扶小腿，旋轉揉動，每次揉動20～30次，兩腿交換揉動6次。此法能疏通血脈，加強腿的力量，防止腿腳痠痛和乏力。

⑷扭膝——兩足平行靠攏，屈膝微向下蹲，雙手放在膝蓋上，順時針扭動數10次，然後再逆時針扭動。此法能疏通血脈，治下肢乏力、膝關節疼痛等症。

⑸蹬腿——晚上入睡前，可平躺在床上，雙手緊抱後腦勺，由緩到急進行蹬腿運動，每次可達3分鐘，然後再換另一條腿，反覆8次。這樣可使腿部血液暢通，儘快入睡。

不要總是不滿意自己的腿型，也不要豔羨名模們擁有完美修長而滑淨的美腿，其實只要平日注意對腿部的保養功夫並按照以上的建議持續兩三個月，相信你的雙腿也會得到很大的改善。

集中收緊部位——大腿

　　鍛鍊大腿和臀部肌肉的最佳運動是步行，騎自行車、越野滑雪、爬樓梯。以上幾種運動的功效不言自明，特別是跑步和騎自行車，都要持續在四十分鐘以上才可以達到預期的效果。

　　同時，爬樓梯也是很實用的一種瘦腿方式，每天兩組各三十分鐘的上下樓梯法也會令你看到不錯的改變。

　　下面給大家介紹幾種瘦腿操，記得每天要持續做。

(1)仰臥在地板上，腿抬高至與地板呈90度，手放在臀部下，多使用下腹部的腹肌，把腿舉高。8～10次為一組，做2～3組。腹肌運動較為吃力，所以可依照體力來調整呼吸。

(2)仰臥在地，膝蓋立起，兩手放在身體側面。腳踏地，由臀部開始，把腿抬高，注意腳跟不要離地。8～10次為一組，做2～3組。

(3)坐在一張腳搆不到的高椅子。兩腳夾住一本書，夾高至與地板平行，再放下。80～10次為一組，做2～3組。

(4)雙膝跪在地上，雙手按地，背部要直。將一條腿向後伸直，直至與地面平行。或者，將一腿保持彎曲，然後向側面抬起，直至與另一腿成90度角。左右腿輪流做三回，每回10次。

習慣之後，可以重複多做幾次，或者在腳踝上加點重物。

(5)側臥在地上，將一腿抬起，直到它與身體成45度角為止。另一種方法是：以同樣的姿勢躺著，用桌子或椅子支撐著抬起的那條腿，使它繼續與身體成45度角，然後將另一條腿提起，直至碰到上方的那條腿。

這可以活動大腿內側的肌肉，而前述的動作則可以鍛鍊外側的肌肉，二者配合，可使腿部線條變得均衡勻稱。

(6)將一腿儘量跨前，直至後面那條腿的膝蓋離地大約15公分；然後把前腿收回。開始時應左右腿各做兩回，每回10次。習慣之後，可以重複多做幾次，或者在跨步時雙手拿著重物。像做任何別的

運動一樣，開始時要慢慢來，左右腿的運動時間要相等。

(7)躺在床上，做空中踩腳踏車運動，重複15分鐘。注意蹬圈的動作要完整，用小腿帶動大腿運動，能讓腿部肌肉緊繃，修飾腿部線條。

(8)身體打直屈膝半蹲，膝蓋不可超過腳尖，緩慢起身重複動作10次。此時會感覺難瘦的大腿有顫抖的現象；在不運動過度的前提下，此法是緊實大腿的有效祕訣。

(9)雙腳分開站立，背部必須保持挺直，雙掌貼牆站立，將左腿彎曲往後抬高，設法讓腳跟觸碰到腰部。

(10)坐在地上，雙腿併攏，臀部與腳跟要儘量拉開，上半身向後傾，手放身後做一個支撐點。

上半身向前傾，抬起大腿，儘量將大腿貼向上半身，維持5秒。每天做3次，每次做10下。

(11)雙腿併攏，跪在地上。上半身向後微傾並用兩手支撐，身體儘量向後拉伸，將身體全部重量壓在手臂上然後繼續向後傾斜，慢慢將身體放平，然後用雙手挾住腰部，幫助腰部向上抬起，使身體成拱橋狀，保持一段時間，慢慢放下。重複多次。

⑿雙手叉腰，雙腿併攏伸直站立。右腿向前一步踏出，左膝彎曲到即將碰到地面的程度，保持此姿勢3秒後換另一條腿做。每天可做多次。配合跳繩、慢跑、用腳尖走路的運動，進而緊實你的肌肉，防止鬆弛。

⒀日常坐的時候可以把腿放在比心臟高的地方，晚上睡覺前可以把腿靠放在牆上，或者睡覺時把腿墊高20～30公分。身體側躺，上半身用手支起。一腿彎曲，一腿伸直。之後彎曲的那條腿反覆做抬舉動作，10次後，向另一側轉身，換腿後做同樣的動作。

集中收緊部位——腰部

擁有纖瘦細腰是每個女人的夢想，相對腿部而言，腰腹部是最容易瘦下去的。瘦腰最有效的做法就是運動，只要動作到位，並配合飲食控制，很快就能有明顯效果。

「水桶腰」的5大誘因

誘因一：壓力過大

與一些明顯的原因想必，壓力可謂是隱形殺手，在減肥瘦身中經常被忽視。

但是你知道嗎，容易造成暴飲暴食、睡眠品質不好等問題，往往就是因為壓力太大，加上不規律的作息時間一直持續，自主神經系統就會失衡，脂肪越難燃燒，呼吸也變淺，還會影響腰腹周圍的血液循環呢！

誘因二：運動不足、飲食過度

現代人最顯著的生活習慣就是，久坐於辦公室內，長時間不走動，同時飲食沒有節制，營養過剩，導致攝入的熱量無法徹底消耗，積聚在體內形成體脂肪。特別是喜歡9點後吃東西的，更是容易將未能消化的食物轉化成體內廢物。

平躺在地上，雙腿屈膝併攏，肩部離地，頭部微微仰起，用手掐一下肚臍下方的肌肉，然後一下子用力掐一下，正常的情況下，用手一掐肌肉會從手中滑掉，如果能掐住肌肉，證明小肚腩就是皮下脂肪積聚造成的。

誘因三：骨盆歪斜

坐姿、站姿、走姿如果不正確，就容易弓背，弓著背感覺很舒服，但是如果不注意，引發的問題也就很多了！

當我們弓著背的時候，下腹就會放鬆，臀部下垂，全身的體重重心偏移，骨盆就會變得歪斜，導致肌肉失衡，下腹突出。

以平日慣用的姿勢站立在鏡子前，觀察自己的側身，雙臂很細，腰也不粗，但是下腹卻明顯突出，這是因為骨盆歪斜，重心後移，導致小肚子前傾所造成的。

誘因四：水腫、寒症

長時間坐著，大腿根與腹股溝等部位會受到壓迫，血流與淋巴無法流通，下腹的多餘水分就會滯留，無法排除，造成水腫。

另一方面，也容易引起寒症，為了避免內臟受冷，體內會自主地儲存脂肪，這就進一步令血液循環崩壞，脂肪越來越難被燃燒。

用手觸摸腹部，會感覺腹部涼涼的，這就是寒症

的跡象。另外，用手指在腹部上按下，壓痕比較難消退，或者傍晚的時候發現下腹腰圍有增加的就是水腫。

簡易腹部伸展操

(1)飯後一小時到兩小時之間，單腳站立，另一腳膝蓋彎曲向前舉起，使大小腿之間呈90度角，雙手平舉，維持30秒。後換另一隻腳，兩腳以此方式交替，每天約五個回合。

(2)熱身活動10分鐘，至全身微微出汗後，再用保鮮膜捆紮腹部5～6層，平臥位做腹肌運動。

臍上練習：下身固定不動，仰臥起坐，旨在使胃部凸出部分收緊平坦。

臍下練習：上身固定不動，雙腳抬起做屈伸腿和頭上舉練習，目的是收緊和減去整個下腹圍。

腹外斜肌練習：完成上下腹部練習後，再做各種腰部轉體練習。這種練習作為輔助練習，使上下腹部練習的減肥效果更明顯。

(3)平躺在地板上，雙腳擱置於椅子上，大腿與地面成直角。右手置於腦後，左手向旁伸直。然後逐漸抬高上半身，達到與地板成30度角，上半身前傾時右手肘要轉向左膝。

這個動作每組15次，每天持續做3組，兩周內就可以看到效果。

(4)坐姿瘦腰法。坐在凳子外三分之一位置，兩腳自然併攏，大腿與身體的角度要小於90度，收小腹；小腿提起，使腹部有緊繃感。

收腹仰起時，手肘不要往前，眼睛看45度方向，這個角度可防止頸壓迫；小腿抬起兩秒，讓腹部保持緊繃感，

然後還原到初始狀態再堅持四秒。

集中瘦身部位——臀部

臀部的美麗與其本身的大小並無太大關聯，更需要關注的是它是否結實、挺拔。雖然又大又圓的臀部被認為是好生養的象徵，但是追求完美身材的女性肯定會對自己的肥臀感到不滿意。

醫學理論早已證實，臀部的肥大除了遺傳因素外，身體肥胖也是導致臀部肥大的重要原因。

臀部上方有肌肉，而下方到大腿的位置沒有贅肉，如果再能微微挺翹，就被認為是最理想的臀部曲線了。想要擁有完美的臀形其實也不是一件不能達到的事情，只要能夠使臀部的肌肉緊縮，給臀部脂肪「搬搬家」，就能收穫完美臀形。

下面就來介紹幾種臀部燃脂塑形的運動。

一、後踢腿練習

(1)然站立於椅子後面，雙手扶住椅背，兩腳分開，保

持與肩同寬的距離。

(2)抬起右腿，盡力向後踢，同時雙手穩住椅子。持續
這個姿勢 2 秒鐘，然後換腿重複相同動作。

需要注意的是，踢腿的時候腳面要繃直，腳尖向
下，雙腿不能彎曲。

二、旋轉練習

(1)自然站立，雙腳分開與肩同寬，上身挺直。雙腿膝
蓋稍微彎曲的同時右腿向右側方伸展，腳尖著地。

(2)用力收緊大腿和臀部肌肉，右腳以腳尖為軸向身體
右側最大限度地旋轉。

持續這一姿勢 5 秒鐘，慢慢收腿後換左腿重複相同
的動作。

需要注意的是，伸展腿的時候臀部不能動，旋轉
腿的時候腰部和肩部也要保持不動。

三、單腿蹲練習

(1)自然站立，兩腳分開與肩同寬，兩手叉腰，上身自
然挺直。

(2)右腳輕輕離地，並保持身體平衡，身體重心下移的
同時胸部挺起，臀部肌肉收緊，並且儘量向後頂，

成半蹲姿勢。持續這一動作 2 秒鐘，然後回復到第一步的狀態，換左腳離地重複相同的動作。

需要注意的是，整個動作過程中上身儘量要始終保持挺直，抬起的腳不能著地。

四、弓身練習

(1)平躺在墊子上，雙腿自然分開與肩同寬，雙膝彎曲，雙腳掌落在墊子上，同時伸直手臂平放於身體兩側。

(2)收緊小腹和臀部的肌肉，以雙腳和肩部為支撐點將整個身體向上抬起，儘量使膝蓋和肩部在一條直線上。持續 2 秒鐘後放鬆，並回復到第一步的狀態。重複做幾次。

需要注意的是，身體抬起的時候下頜不要跟著抬高，眼睛保持平視，呼吸節奏可以適當調整。

五、弓步練習

(1)自然站立，雙手叉腰，上身挺直。

(2)右腿向前大跨一步，身體重心下移的同時左腿微彎，同時腳跟抬起，用腳尖用力蹬地，整體成弓步狀。起跳，同時雙腿交叉。

連續做 10 次為一組，可重複多做幾組。

需要注意的是，整個動作過程中上身要始終保持挺直，重心要放低，雙腿交叉速度不宜過快。

七、穴位按摩

(1)用大拇指的指腹用力按摩臀部兩側的凹陷處以及臀部橫紋正中的位置。

這兩處是膀胱經循行的部位，刺激兩處穴位可有效減少脂肪的堆積。用兩手手指合力揉捏大腿後側的肌群。

(2)用手掌按照自上而下的順序反覆揉擠臀部多餘的脂肪。

八、拍打臀部

(1)拍打臀部之前的準備工作：可以在臀部周圍塗上一層保濕、補水的乳霜、乳液或者精油。

(2)拍打開始：從上往下按順序拍打，掌握好力道。飯後 1 小時以內此動作不宜進行。

(3)拍打結束後：拍打的結束並不是真正的結束，這時候最好再做一套後抬腿動作。

具體的操作是俯臥在墊子上，手肘以及膝蓋靠近墊

子，右腿彎曲成 90 度的同時向後屈曲右腳，整體向
上抬腿，持續 3 秒鐘後回到初始動作，換左腿做相
同的動作。重複 20 次左右。

永續圖書
線上購物網

www.foreverbooks.com.tw

◆ 加入會員即享活動及會員折扣。

◆ 每月均有優惠活動，期期不同。

◆ 新加入會員三天內訂購書籍不限本數金額，

　即贈送精選書籍一本。（依網站標示為主）

專業圖書發行、書局經銷、圖書出版

永續圖書總代理：
五觀藝術出版社、培育文化、棋茵出版社、犬拓文化、讚
品文化、雅典文化、知音人文化、手藝家出版社、璞申文
化、智學堂文化、語言鳥文化

活動期內，永續圖書將保留變更或終止該活動之權利及最終決定權。

掰掰「肉鬆族」：最簡單的燃脂瘦身法

雅致風靡　典藏文化

親愛的顧客您好，感謝您購買這本書。即日起，填寫讀者回函卡寄回至本公司，我們每月將抽出一百名回函讀者，寄出精美禮物並享有生日當月購書優惠！想知道更多更即時的消息，歡迎加入"永續圖書粉絲團"您也可以選擇傳真、掃描或用本公司準備的免郵回函寄回，謝謝。

傳真電話：（02）8647-3660　　　　電子信箱：yungjiuh@ms45.hinet.net

姓名：		性別：	□男　　□女
出生日期：　年　月　日		電話：	
學歷：		職業：	
E-mail：			
地址：□□□			
從何處購買此書：		購買金額：　　　　元	
購買本書動機：□封面 □書名 □排版 □內容 □作者 □偶然衝動			
你對本書的意見： 內容：□滿意□尚可□待改進　　編輯：□滿意□尚可□待改進 封面：□滿意□尚可□待改進　　定價：□滿意□尚可□待改進			
其他建議：			

總經銷：永續圖書有限公司

永續圖書線上購物網
www.foreverbooks.com.tw

您可以使用以下方式將回函寄回。

您的回覆，是我們進步的最大動力，謝謝。

① 使用本公司準備的免郵回函寄回。

② 傳真電話：（02）8647-3660

③ 掃描圖檔寄到電子信箱：

　　yungjiuh@ms45.hinet.net

- -

沿此線對折後寄回，謝謝。

| 廣 告 回 信 |
| 基隆郵局登記證 |
| 基隆廣字第056號 |

22103

雅典文化事業有限公司　收

新北市汐止區大同路三段194號9樓之1